平地の説教

主の弟子としての生き方

鞭木由行［著］

いのちのことば社

目次

序　章

「平地の説教」とは

マタイの福音書にある「山上の説教」は、おそらく聖書の中でも最も有名な聖書箇所でしょう。聖書を読んだことのない方々でさえ「山上の説教」や「山上の垂訓」という表現を知っており、普通の国語辞書にも掲載されています。それは、永遠の神の御子《みこ》が地上においてて直接語られた最も偉大な説教であり、人類の共有財産として多くの人々に感銘を与え、人生の指針としての役割を果たしてきました。このようなマタイの福音書における

「山上の説教」の高い評価に比べると、ルカの福音書6章に記録された主イエスの説教は、それほど注目されてきたとはいえません。分量にしても三分の一くらいのものです。しかし、一度読めば、これがマタイの福音書にある「山上の説教」と極めて近い、起源を同じくするものであることは明らかです。マタイの記録した説教が「山上の説教」と呼ばれるのは、主イエスが「山に登り」(マタイ5・1)、山上で語られたからですが、それに対して、ルカの説教は、「平地の説教」と呼ばれます。それは、主イエスが山から下りて平地で語られたからです。ルカの福音書6章17節にこう書いてあります。「それから、イエスは、彼らとともに山を下り、平らな所にお立ちになったが、多くの弟子たちの群れや、ユダヤ全土、エルサレム、さてはツロやシドンの海べから来た大ぜいの民衆がそこにいた」。この時、主イエスは下山して、平地に立っていました。そこで主イエスはこの偉大な説教をしたのです。

山上の説教にしても、平地の説教にしても、このような主イエスの偉大で深奥なみことばに真正面から向き合うには、それなりの覚悟が必要です。この学びにおいて、主イエスが私たちに要求したままを聞き取り、それを深く考え、キリスト者としての生き方を探っていきたいと考えています。

「平地の説教」に至る経過

主の短い公生涯の中で、このような説教がいつなされたのかを考えることは興味深い課題です。一般的に共観福音書における主イエスの生涯は、どれも四つの時期に区分することができます。第一期は、誕生と公生涯への準備期間、第二期は、ガリラヤでの宣教活動、第三期は、エルサレムへと向かっていく途上での出来事、第四期は、最後の一週間（受難週）で、十字架と復活の出来事です。この「平地の説教」は、第二期である「ガリラヤ宣教」の中で語られました。

ルカの福音書では、このガリラヤ宣教は4章14節から始まります。そのガリラヤ宣教を通して、まず主イエスはご自分が「メシヤ（救い主。ギリシャ語で「キリスト」）」であることを明らかにされました（4・14〜44）。イエスは最初に故郷ナザレでの伝道に赴きます（16〜30節）。次にカペナウムでの伝道（同31〜44節）が展開され、5章に入ってもガリラヤにおける主の宣教活動は継続されますが（5・1〜6・11）、そこでは主イエスの宣教に対する人々の応答のほうに重心が移っているように思えます。5章から6章11節まで、さまざまな個人的応答が下記のように前面に出てきます。

5・1〜11「三人の弟子の召し」　罪深きことの告白（8節）
5・12〜16「ツァラアトのきよめ」　主イエスのきよめの力への確信（12節）
5・17〜26「中風の人の癒やし」　信仰（20節）
5・27〜32「取税人レビ（マタイ）の召し」　何もかも捨てて従う（28節）
5・33〜39「断食論争」　断食しないことへの疑問（33節）
6・1〜5「安息日に麦の穂をつむことをめぐる論争」　パリサイ人によるイエスの批判開始（2節）

6・6～11「安息日論争」イエスへの殺意（11節）

このようにご自分に対する反発が高まってくる中で、主イエスは十二弟子を選出します（6・12～49）。ルカの福音書において弟子への言及はすでに5章30節や33節にありますが（また6・1、13）、その弟子たちの中から十二人を「使徒」として任命したのです。それは主イエスにとっても重大な意味をもっていました。そのため主イエスは徹夜の祈りをした後に、十二名の使徒たちを一人一人選び出しました（同12～16節）。これは、ペンテコステ後の、使徒による初代教会の活動の背景となっています。

その後、主イエスが十二使徒と共に下山した時、救いを求める群衆が主の御前《みまえ》に集まってきました（同17～19節）。そこで平地の説教が始まるのです（同20～49節）。ですから、この説教は群衆というよりは、弟子たちにフォーカスがあります。弟子たることが何を意味するのかを主イエスは明らかにされました。

十二使徒の任命（ルカ6・12～16）

このころ、イエスは祈るために山に行き、神に祈りながら夜を明かされた。夜明けになって、弟子たちを呼び寄せ、その中から十二人を選び、彼らに使徒という名をつけられた（12～13節）

「このころ」とありますが、十二使徒の任命は、いつ頃のことだったのでしょうか。約二年間に及んだガリラヤ伝道が開始されてからこの時までに、およそ半年くらいが経過していました。それ以前の初期サマリヤ・ユダヤ伝道が約一年とすると、十字架にかかる約二年前であることがわかります。この時期までに、主イエスに対する人々の評価は定まっていました。ユダヤの指導者たちは、主イエスに激しく反発して、あからさまに敵意を表明するようになりました。一般の民衆の中にも、主イエスの言動につまずいて離れていく人が出てきました。こうして、古い肉のイスラエルは、もはや新しい契約を受け入れることができないことが明らかになってきた時期でした。彼らは神の国を受け継ぐのにふさわしくないことを、自ら証明してしまったのです。弟子たちの選出はそのような時になされた出来事です。

主イエスは「神に祈りながら夜を明かされ」、徹夜で祈りました。ここでは、夜の間「ずっと」祈っていたという言い方をしています。その継続性に強調点が置かれています。なぜ、主イエスは夜を徹して祈ったのでしょうか。何がそんなに主イエスを追い詰め、逼《ひっ》迫《ぱく》した心持ちにしたのでしょうか。その理由は、肉によるイスラエルが神の御国《みくに》を受け継ぐのにふさわしくないことが判明したために、新しい「十二部族」が選ばれなければならなかったからです。旧約聖書の十二部族に倣って、主イエスは新たに十二名を選び出し、そこから新しいイスラエル、神の民を創出しようとしたのです。それは、キリストを仲介として新しい契約を結ぶ人々、新約の民、クリスチャンの群れを作り出すためでした。彼らこそ新約聖書の教会を生み出すべく定められた人々でした。ですから人間的に言うならば、教会の将来は、この十二人の弟子たちにかかっていたのです。それはとりもなおさず、主イエスの選択にかかっていたということです。誤りは許されませんでした。そのために、主イエスは神の御旨《みむね》を求め、夜を徹して祈ったのです。

主イエスが十二人の弟子たちを選び出した光景を思い浮かべてみましょう。真っ暗な大空に星の輝く一夜を主イエスは山の中で祈りのうちに過ごされ、それから弟子たちを一人ずつ呼び寄せました。その時までにすでに相当数の人々が主イエスに従っていたと思われますが、その大勢の弟子たちの中から、十二人を選び出したのです。他の弟子たちが見ている中で、多数の弟子たちとは違う意図をもって、十二名を特別に任命しました。そして、彼らを「アポストロス（使徒）」と呼ばれました。それは「特別な任務、権威をもって派遣された人」という意味です。彼らは主イエスと寝食を共にし、それゆえにキリストの生き証人となるべき人々でした。神の国の福音を語り、いつも行動を共にする。キリストの証人としてキリストの生涯、キリストの復活を証言するためでした。主はそのような人々を徹夜の祈りによって選ばれたのです。

主イエスが使徒として召した十二名は以下のとおりで、新約聖書は合計四か所でそのリストを掲げています。

	1			
マルコ（3・16〜19）	シモンにはペテロという名をつけ、	ゼベダイの子ヤコブと	ヤコブの兄弟ヨハネ、このふたりにはボアネルゲ、すなわち、雷の子という名をつけられた。	次に、アンデレ、
ルカ（6・14〜16）	ペテロという名をいただいたシモンと	その兄弟アンデレ、	ヤコブと	ヨハネ、
マタイ（10・2〜4）	ペテロと呼ばれるシモンと	その兄弟アンデレ、	ゼベダイの子ヤコブと	その兄弟ヨハネ、
使徒（1・13）	ペテロと	ヨハネと	ヤコブと	アンデレ、

2				3			
ピリポ、	バルトロマイ、	マタイ、	トマス、	アルパヨの子ヤコブ、	タダイ、	熱心党員シモン、	イスカリオテ・ユダ。このユダが、イエスを裏切ったのである。
ピリポと	バルトロマイ、	マタイと	トマス、	アルパヨの子ヤコブと	熱心党員と呼ばれるシモン、	ヤコブの子ユダと	イエスを裏切ったイスカリオテ・ユダである。
ピリポと	バルトロマイ、	トマスと	取税人マタイ、	アルパヨの子ヤコブと	タダイ、	熱心党員シモンと	イエスを裏切ったイスカリオテ・ユダである。
ピリポと	トマス、	バルトロマイと	マタイ、	アルパヨの子ヤコブと	熱心党員シモンと	ヤコブの子ユダであった。	

このリストを観察すると、幾つかの共通点があることがわかります。筆頭はどれもペテロです。これによって初代教会において彼が全体の指導的立場にあったことがわかりますし、それは私たちが新約聖書を読むときに受ける印象と一致することでしょう。そして、最後はいつも裏切ったユダで終わっています。さらにこのリストは表のとおり、四人ずつ三つのグループに分けることができます。そして、それぞれのグループは同一人物で始まります。最初のグループはペテロ、第二グループはピリポ、第三グループはヤコブです。

最初のグループに名前が挙がっている使徒たちは、最も重要な使徒たちということができるでしょう。シモン・ペテロはリーダーで、その彼を主イエスに引き合わせたのはペテロの兄弟アンデレでした。そしてヤコブとヨハネはやはり兄弟で漁師でした。このヤコブは最初の殉教者となった使徒です（使徒12・1～2）。このように、最初のグループは最も活躍したグループです。

第二グループの先頭はピリポです。ヨハネはピリポに特別な関心を払っていたようで、ピリポはヨハネの福音書にしばしば登場します（1・43～46、12・21～22、14・8）。この第二グループの使徒たちは、ほとんど全員説明なしで名前のみ記されていますが、マタイだけが、あえて「取税人マタイ」と自己紹介をしているのは注目するべき現象です。本来であれば隠しておきたい取税人という前歴を（それゆえ他の福音書記者が言及しなかったことを）マタイはあえてさらけ出しています。そして、自分の名前を第二グループの最後に位置づけました。またこの表とマルコ2・14から、彼の別名が「アルパヨの子レビ」であることがわかります。バルトロマイという名前は、十二使徒のリスト以外に登場しません。またトマスとは「ふたご」の意味で、おそらく実際にふたごであったと思われます。シモンはいつも「熱心党員」と説明されています。熱心党はローマの支配からの独立を主張した政党ですが、彼が本当にその党に所属する党員であったのか、あるいは単なるあだ名であったのか、今となっては確認することはできません。

第三グループのタダイという名前はマタイとマルコによって用いられましたが、ルカは（使徒の働きも含めて）「ヤコブの子ユダ」と呼んでいます。両者が同一人物であることはおのずから明らかです。リストの最後はユダによって締めくくられますが、使徒の働きでは、すでに自殺していた彼の名前はもはや削除されています。ユダについては、使徒の働きを除いていつも「裏切った」という説明が付加されています。「イスカリオテ」とは「カリオテ（地名）の人」か、あるいは「偽りの人」という意味だと思われます。彼がカリオテ出身だとすると、十二弟子の中でユダ一人だけガリラヤ出身ではなく南ユダの出身であったということになります。

弟子の特徴

使徒として選ばれた人々は、ごく普通の人々でした。富裕でもなく、有名でもなく、高度な教育を受けた人々でもありません。主イエスはそのような資質を重要視しませんでした。祭司も律法学者もいません。このことは、パウロが監督の資格を論じたところでも同じでした（Iテモテ3章）。彼らの人格的・霊的資質こそが明らかに最も重要な意味をもっていたのです。一方で、彼らの多様性は顕著です。多くは漁師であり、取税人は役人、熱心党員は革命を目指した改革運動を行っていました。ですから取税人マタイと熱心党員シモンとは本来であれば敵対関係にありました。

彼らの勇ましい証人としての生涯を思うとき、主が徹夜で祈ったことの意味の大きさを考えさせられます。何よりも、彼らのその後の歩みがそれを物語っています。パトモス島へ島流しになったヨハネを除いて、全員が主の復活の証人として殉教していったのです。主イエスの生涯とその復活の証言を誰一人として覆す者はいませんでした。ここに私たちの信仰のよりどころがあります。私たちの信仰は彼らの確かな証言の上に立っているからです。

このような十二使徒の働きが、主イエスが夜を徹して祈られた結果であるならば、私たちも牧師や伝道者のためにどれほど祈らなければならないでしょうか。英国の有名な説教者スポルジョンは、牧会の成功の秘訣を聞かれた時、「教会員が私のために祈ってくれていたからだ」と答えました。自分の教会の牧師やリーダーを批判する前に、まずは祈ることです。徹夜をしてでもとりなしの祈りをささげるべきでしょう。そうすれば、教会に起きてきた多くの問題は、もっと容易に解決できたのではないかと思われます。

平地の説教の構造（6・20〜49）

いよいよ平地の説教を考えるところに到達しました。弟子たちの任命の直後から、この平地の説教は始まります。その教えをひもとく前に、まずこの説教の全体像を把握しておきたいと思います。

三つの段落

平地の説教は合計30節（20〜49節）から成っています。この主の説教をどのような段落に分けることができるでしょうか。

平地の説教は、「イエスは目を上げて弟子たちを見つめながら、話しだされた」（20節）という導入句で開始されます。その説教は38節でいったん終了し、39節から再び、「イエスはまた一つのたとえを話された」という導入句で、今度はたとえによる説教が始められます。その終わりは49節です。ですから全体が二部構成になっていることはおのずから明らかです。さらに細かく段落を分けると、前半部が27節で区切れていることは、27節が接続詞「しかし」によって導かれていることで明示されています。また後半部についても、46節に区切りを見いだすことができるように思います。しかし、46節からのたとえは39節から話し出されたたとえ話の続きと見なすことも可能です。また翻訳の中には、37節から42節を一つのまとまりと考えて「他の人々をさばく」という表題をつけている場合もあります。しかし内容から言っても構造から考えても、やはり39節から49節までを一つのまとまりと考えることが最も自然と思われます。そういうわけで、平地の説教を以下のように大きく三つの段落に分けることにします。

第一段落　20〜26節　幸いな人と哀れな人
第二段落　27〜38節　あなたの敵を愛しなさい
第三段落　39〜49節　真の弟子の条件（たとえによる教え）

さらに、各段落を以下のように細分することができます。なお巻末に詳細なアウトラインを付記しましたのでご参照ください。

説教の構造

第一段落　幸いな人と哀れな人

導入文　20節

幸いな人　20～23節　預言者との類似

哀れな人　24～26節　にせ預言者との類似

第二段落　あなたの敵を愛しなさい

導入　27節前半

七つの命令　27節後半～30節

黄金律　31節

（七つの命令と黄金律：第一区分　七つの命令と黄金律）

罪人との対比　32～34節
三つの命令　35 a 節
二つの結果　35 b 節
その理由　35 c 節
究極的ルール　36節
四つの命令　37～38節前半
約束　38節後半

第二区分　罪人のようでなく、御父《みちち》のように（32～36節）
第三区分　さばいてはいけない（37～38節）

第三段落　真の弟子の条件（たとえによる教え）
導入　39節前半（地の文）
盲人の手引き　39節後半
弟子と師　40節
兄弟の目のちり　41～42節
実と木　43～44節

良い倉と悪い倉　45節
家と土台　　　46～49節

「山上の説教」との関連

言うまでもなく「平地の説教」は、マタイの「山上の説教」（5～7章）と多くの類似点をもっています。その最たるものは「幸いです」の呼びかけに始まり、最後が「家と土台」のたとえ話で終わることです。それだけでもこの両者の間に密接な関係があることがわかりますが、ほかにも重なる部分が多くあります。ここではその理由に立ち入らないで、マタイとルカの両者の関係を確認しておきたいと思います。マタイに比べるとルカのほうの説教は短いものですが、実は、山上の説教は、ルカの福音書全体に散らばっています。

それは以下のとおりです。

マタイ	ルカ	
5:3～12	6:20～23	幸いの教え
5:13	14:34～35	地の塩
5:15	11:33	燭台の上のあかり
5:18	16:17	律法の成就
5:25～26	12:58～59	和解
5:31～32	16:18	離婚
5:38～48	6:27～30、32～36	敵を愛せよ
6:9～15	11:1～4	主の祈り
6:19～21	12:33～34	宝は天に
6:22～23	11:34～36	目のたとえ
6:24	16:13	神と富
6:25～34	12:22～31	心配するな
7:1～5	6:37～42	さばくな
7:7～11	11:9～13	求めよ
7:12	6:31	黄金律
7:13～14	13:23～24	狭い門
7:15～20	6:43～44	実と木
7:23	13:27	主の宣告
7:24～27	6:47～49	家と土台

このように見てくると、主イエスがさまざまな機会に語られた説教を、マタイは後になって一つに編集してまとめ上げたのだとわかります。それはルカも同じことでした。マタイとルカはそれぞれの意図（テーマ）に基づいて主がさまざまな機会に語られた説教を集め、統一ある説教として提示したものと思われます。それでは、それぞれの意図は何であったのでしょうか。

「平地の説教」の主題

ある人たちは、「山上の説教」にも「平地の説教」にも全体を貫く主題はなく、主イエスの断片的なことばの「寄せ集め」であると考えています。しかし、ルカが漫然と集めて並べただけだとはどうしても考えにくい要因があります。それはここに一貫した構造があることからも推測することができるでしょう。ルカはこのように主イエスの説教を編集し、提示するに当たり、全体を貫くテーマをもっていたと考えるほうが自然であるように思います。ではその全体を貫くテーマとは何だったのでしょうか。

まず「平地の説教」の構造の分析を通して見えてきたことは、各段落はそれぞれの教えを鋭い対比によって提示していることです。

第一段落では、主の目から見た弟子の「幸い」な状態と「哀れ」な状態とが、対比的に語られています。それは終末を見据えた幸いと哀れで、弟子として私たち自身がどのように歩むべきかを教えています。今、地上において、主の御前にどのように生きるべきなのかという、弟子としてのあり方です。しかも「あなたがたは哀れです」と言うことによって、弟子たちも哀れな者となりうる可能性が示唆されています。

第二段落では「敵を愛する」ことが二度繰り返され、テーマは明白です。この「敵を愛する」という生き方が、罪人の生き方と対比的に語られています。そして、敵を愛する究極的な理由は、いと高き方が罪人にもあわれみ深いからであると述べられています。そこから引き出される結論が、弟子としての究極的な生き方です。それは、すべての弟子たちは、神の子として神に似た者となることが求められているのです。

この段落を前の段落と比較するとき、明白な違いがあります。最初の段落では弟子たる者がどのように生きるべきなのかということを語っていましたが、第二段落は、隣人（敵を含む）に対してどのように行動するべきかを教えています。その根本は、敵をも愛することです。

第三段落では、たとえが多用され、再び弟子としてのあり方が吟味されています。そして、真の弟子と偽の弟子との違いが明らかにされます。それによって真の弟子とを見分けることができるのです。それは、聞くだけではなく、解釈するだけではなく、無条件に行うことが土台です。そして、聞いても行わない弟子の生き方に大いなる自己吟味を迫っています。

このように、第一段落では弟子としての生き方、第二段落では他の人に対する対応のしかた、第三段落では真に弟子であるのかどうかという自己吟味が語られています。別の言い方をすると、第一段落では御国へ入る資格が「貧しさ」であること、第二段落は御国に入る者の義務が神的愛であることを明らかにし、第三段落では御国に入る者の自己吟味をたとえによって教えています。

こういうわけで、ルカが主のメッセージをまとめたテーマは、「主の弟子としての真実な生き方」であるといえます。それがそのままキリスト教の幸福論です。

第1章　幸いな人と哀れな人

第1節　貧しい者は幸いです（ルカ6・20～21）

群衆と弟子たち

それから、イエスは、彼らとともに山を下り、平らな所にお立ちになったが、多くの弟子たちの群れや、ユダヤ全土、エルサレム、さてはツロやシドンの海べから来た大ぜいの民衆がそこにいた。イエスの教えを聞き、また病気を直していただくために来た人々である。また、汚れた霊に悩まされていた人たちもいやされた。群衆のだれもが何とかしてイエスにさわろうとしていた。大きな力がイエスから出て、すべての人をいやしたからである。イエスは目を上げて弟子たちを見つめながら、話しだされた。（17～19節）

この時、主イエスは「山を下り、平らな所にお立ちに」なっていました（だから「平地の説教」と呼ばれます）。そこに大勢の人々が主イエスの教えを聞くために集ってきたのです。17節によれば、主イエスの弟子を自認する「多くの弟子たちの群れ」がいました。また「ユダヤ全土、エルサレム」からも大勢の民衆が集いました。ユダヤの国内から大勢の人々が集っただけでなく、主の名声はすでに国境を越えていたので、異教の地であるツロやシドンの沿岸地域からも大勢の民衆たちが集まってきたのです。このような地理的な広がりに加えて、次の18節によれば、多種多様な問題を抱えた人々が集まってきたことがわかります。そこには、「病気を直していただくために来た人々」や「汚れた霊に悩まされていた人たち」がいました。彼らは、主の奇跡的能力を聞いて、癒やされることを願って集まってきた人々です。この説教を始めるに当たり、主イエスがこのような大群衆を意識していたことは確かです。その意味で、この説教はすべての人々に向けて語られたメッセージでした。そのことはこの一連の説教が終了した直後の7章1節にも明らかに述べられています。「イエスは、耳を傾けている民衆にこれらのことばをみな話し終えられると、カペナウムに入られた」のでした。

そうではあっても、この説教を語り始めるに当たり、主イエスの主要な関心が弟子たちに向けられていたことを20節は告げています。「イエスは目を上げて弟子たちを見つめながら、話しだされた」。大勢の群衆がいましたが、主イエスは格別に弟子たちを見つめながら、この説教を始めたのです。主の視線は、「これから語ることは、みんなのためですが、格別にあなたがた（弟子たち）のためです」と語っています。主イエスの弟子である人々、つまり私たちクリスチャンに語られているのです。私たちも、この説教を学ぶに当たり、このような主イエスの視線を覚えたいと思います。主イエスは、私たち一人一人に語りかけられます。なぜなら、これは神の国の倫理だからです。私たちキリスト者の生き方を語っているからです。しかも、将来神の国において生きる生き方ではなく、この世においてキリスト者がいかに生きるべきかを語りました。これはすべてのキリスト者が、自らの規範とすべきものです。

マタイとルカの相違

貧しい者は幸いです。神の国はあなたがたのものだから。いま飢えている者は幸いです。やがてあなたがたは満ち足りるから。いま泣く者は幸いです。やがてあなたがたは笑うから。(20〜21節)

説教は、「貧しい者は幸いです」と始まります。この説教を考え始める前に、マタイの山上の説教との違いを確認しておきます。両者を比較するとき、私たちは、マタイとルカとの視点の違いに気がつきます。マタイの福音書では、「心の貧しい者は幸いです。天の御国はその人たちのものだから」(5・3) となっています。ルカが「貧しい者は幸いです」と言ったのに対して、マタイは「心の貧しい者は幸いです」と言っています(以下、傍点は筆者)。マタイは、貧しさを心の領域に限定しました。「心の貧しさ」がマタイの主要な関心事です。マタイは、全体としていつも「心の問題、霊的問題、倫理的問題」へと向かう傾向があります。たとえば、次の21節を見てもルカはこう言っています。「いま飢えている者は幸いです」。しかしマタイは、「義に飢え渇く者は幸いです」(同6節)と言うのです。マタイにとって「飢え渇くこと」は、あくまで「義」という道徳的な領域に関してなのです。しかし、ルカは実際の飢えも除外してはいません。

　さらに、マタイはそのあとで「柔和な者は幸いです」とか、「あわれみ深い者は幸いです」とか、「心のきよい者は幸いです」と続きますが、ルカはこういった道徳的問題は全部省略しています。マタイにとっては、柔和であること、あわれみ深いこと、心のきよいこと等が重要なテーマでしたが、ルカは、この説教を「心の問題、霊的な問題」に限定することはしていません。ルカにとっては、文字どおりの貧しさ、文字どおりの飢えも重要なテーマなのです。このことは、ルカが霊的・道徳的問題を無視していたということではありません。ルカにとっても、貧しさは最終的には霊的な問題であったはずです。しかし、実際の貧しさも無視することはできないと考えているのです。

しかも、ルカが関心をもっているのは、どうやら「貧しさ」という問題だけのようです。再びマタイと比べてみますと、ルカは貧しい者の幸いの直後に「飢えている者は幸いです」（21節）と続けて言います。「貧しい者」と「飢えている者」との関連は明らかです。誰でも貧しいゆえに飢えを経験するのです。ここでは文字どおり食べ物がなく、空腹でひもじい状態を指しています。旧約聖書でも両者はしばしば並行的に言及されます（たとえば詩篇107・36、41、あるいはイザヤ58・7、10など）。またルカはそのあとで「泣く者」にも言及していますが、それも「貧しい者」と深く関係しています。単に泣くだけではなく、実質的な痛みや損害を被っているゆえに泣いているのです。人々から拒否され、あざけられ、損失することを伴った状況が想定されています。

ルカは、この三つのことしか語っていません。ルカはあくまで貧しい者、実際に飢え、痛みを経験している者に集中し、そのような貧しい人の幸いを語っているのです。彼らがやがて神の国において祝宴にあずかるという考えは、旧新約聖書全体を貫くテーマです。それは、この世の価値観に対する完全なアンチテーゼとなっています。

貧しい者とは誰か

では、ルカにとって「貧しい者」とは誰のことでしょうか。それを確認するために私たちは、マタイとルカのもう一つの違いに目を向ける必要があります。

マタイは、「心の貧しい者は幸いです。天の御国はその人たちのものだから」と言いました。「その人たち」というのは客観的な言い方です。さらにいえば第三者的な、少し突き放した言い方です。しかし、ルカの言い方は違います。「貧しい者は幸いです。神の国はあなたがたのものだから」と、もっと直接的に、二人称で「あなたがた」、特にここでは「弟子であるあなたがた」と語りかけました。つまり「あなたがた」と「貧しい者」とは、同じ人々なのです。言い換えれば、「主イエスの弟子である人々」と「貧しい人々」とは同じ人々です。主イエスの弟子であるならば、その人は「貧しい者である」と理解しているのです。クリスチャンであるならば、貧しい者とならざるをえないのです。

ルカは、主イエスを信じる者は、その信仰のゆえに、この社会ではしばしば正当な評価を受けることができないという問題を取り扱っているのでしょう。必ずいつもそうだとはいえなくても、しばしば、人々からのけものにされ、時には変人扱いされ、迫害もされます。自分がクリスチャンであることを隠して生きるのでない限り、これはクリスチャンにとって避けられないことです。ですから「貧しく」なるのです。しばしば「飢え」を経験します。そして「泣くこと」も避けることができません。でもそれが弟子としての姿であると主イエスは言われるのです。

ここには、弟子についての主イエスの理解があります。「あなたがたは、主イエスの弟子であるがゆえに貧しいけれども、そのあなたがたは幸いだ」と言っているのです。

ルカによる「貧しさ」への言及

ルカはこの「貧しさ」の問題に特別な関心を払った人でした。この「貧しい」ということばは新約聖書に三十四回現れますが、そのうち十回がルカの福音書に出てきます。ここで、６章20節以外のルカの用例を幾つか概観してみましょう。

4・18「主が、貧しい人々に福音を伝えるようにと」

7・22「貧しい者たちに福音が宣《の》べ伝えられている」

14・13「祝宴を催す場合には、むしろ、貧しい者、からだの不自由な者、足のなえた者、盲人たちを招きなさい」

14・21「貧しい者や、からだの不自由な者や、盲人や、足のなえた者たち」

16・20〜22「ラザロという全身おできの貧しい人」

18・22「あなたの持ち物を全部売り払い、貧しい人々に分けてやりなさい」

19・8「私（ザアカイ）の財産の半分を貧しい人たちに施します」
21・3「この貧しいやもめは、どの人よりもたくさん投げ入れました」

このようにルカの言及は、貧しい人がどのような人々であるのかを明らかにしています。まず貧しい人とは、福音宣教の対象となる人々で（4・18、7・22）、それゆえに神の祝宴にあずかる人です（14・13）。しかし、地上ではラザロに象徴されるような文字どおり貧しい人であり、金持ちから搾取されますが、最後にはアブラハムの懐に安らぎ、福音の恵みにあずかる人です。このように見てくると、ルカがマタイのようにあえて「心の貧しい者」と言わなかった理由も明らかになってきます。ルカにとっても、「心の貧しさ」は当然含まれていることでした。

貧しさの意味をここから読み取るとき、大切なことは、隣人と比較して相対的に貧しいということではなく、物乞いをしなければ生きていけないような、いわばラザロのような、絶対的な貧しさを指していることです。つまり自分を貧しい者であると見なし、自覚していると言いながら、物乞いをする必要はなく自足している人は、本当の意味で「貧しい」とはいえないということです。真に貧しいとは文字どおり欠乏しており、それゆえに物乞いをしなければ生きていけないような人々を指しているのです。

そのような意味で、私たちは、主イエスの弟子として貧しい者であるかどうかが問われています。それは霊的なことにおいても同じです。霊的貧しさを覚えながら、その必要のために聖霊を求めて祈る必要も覚えていないのであれば、私たちは貧しいと自覚しているとはいえず、自己充足しているのです。貧しさに続いて、ルカは「飢え」ることにも「泣く」ことにも言及しました（21節）。それらも、貧しさがもたらす深刻な状況をよく反映しています。これらは別々のことではなく、どれも表裏一体です。

現代に特有な貧しさの問題

クリスチャンであるゆえの貧しさに関連して、私たちにはもう一つ考えなければならない現代特有の問題があります。それは、現代社会が私たちに突きつけるものです。あるいは、現代日本に住むクリスチャンたちへの要求だということができるかもしれません。それは、現代日本はとても豊かで、便利になりすぎているという現実です。もちろん、多くの人々が自分は豊かだと思ってはいませんが、それは基準をどこに置いて考えるかという問題です。全世界的に見るならば、日本人の生活水準は高く、豊かになりました。しかもその豊かさは、約一千兆円という膨大な借金の上に成り立っているということです。そのような現代社会の危うさの構造は、二〇〇八年のリーマンショックの時に明らかになりました。これも人間が飽くことなく豊かさを追求した結果です。

私は東京の郊外に住んでいますが、東日本大震災のあと、しばらく計画停電が続きました。夕食にお客さんが来て一緒に食事をしていると、突然パッと電気が消えてしまいます。やむなく、ろうそくをつけます。その不自由さを通して、改めてふだんの豊かさを知らされました。いつでも電気が自由に使え、必要な食料が手に入るのは、全地球規模で見れば、普通のことではありません。国連食糧農業機関によれば、二〇一四年時点で約八億人が栄養不足の状態にあります。いわゆる飢餓人口です。栄養不足の子どもが六秒に一人の割合で死んでいきます。そのような飢餓の根底にあるのは貧しさ、飢えの問題です。そして、今や世界の人口は七十億人に達しました。二十世紀初頭、世界の人口は十五億人でした。その百年後の二〇〇〇年には六十億人を突破し、まもなく七十億人となり、五十年後には九十億、百億人を突破するといわれています。誰も予想しなかった事態です。地球は、いったいどれくらいの人々を養うことができるのでしょうか。でも限界が必ずきます。そして、最終的には食料と資源をめぐって混乱が起き、最後は戦争へ突入していきます。すでに武力紛争は世界の各地で起きています。

そう考えてくると、今日、私たちが実際につつましく生きることの重要性を思わされます。それはクリスチャンであるがゆえではなく、むしろ現在の地球に生きる一人の人間としての根本的責任です。主イエスが「貧しい者は幸いです」と言われた時、二十一世紀のこのような状況は想定してはいなかったでしょう。しかし、私たちが実際の生活において貧しく生きるための努力は、そのようなレベルに至るまで求められているのだと思います。

心の貧しさ

もちろん、この貧しい者の幸いを実際生活のレベルのことで終わらせるわけにはいきません。ルカは、物質的に貧しければそれでよいと言ったわけではありませんでした。ルカにとっても、貧しさは、やはり心の問題でもあるのです。

経済的には貧しくても、心が「富み」、傲慢な人は幾らでもいます。人の心には、いろいろなものが詰まっています。自我やプライドに凝り固まった人、自己主張に忙しい人、自分に信頼し、自信に満ち、自己満足している人。しかし、心が貧しいとは、根本的には心の中に何もない状態です。ですから自分自身を「哀れな乞食」と自覚している人です。そのような自覚が、心の奥底にある人です。自分はまったく哀れな、無力な罪人という深い認識のある人です。自分自身をそのように理解することは、私たちが、自分の罪の現実ときよい神とに誠実に向き合うことから生まれてくるものです。そして、それ以外のところから生まれてくることはないでしょう。

ロイドジョンズは有名な著書『山上の説教』の中で「心の貧しさ」をこう論じています。

「人が御前にあって、徹底的な心の貧しさ以外の何かを感じているなら、それは究極的には、まだ神と直面していないことを意味している」（いのちのことば社、二〇〇九年、五一頁）

そのように、貧しさの自覚とは、神と直面することからのみ生まれてくるものです。私たちは、このような心の貧しさを自覚しているでしょうか。神を本当に知るとき、私たちは自分の貧しさを知ることができます。そしてそれが、私たちを祈りとみことばに導くのです。しかし、自分の心の中には「何かがある」と思い込んでいるならば、それは聖書の言う「貧しい人」ではないし、それゆえ「幸いな人」でもありません。少なくても、主イエスの目から見るならば、「幸福」とはいえない人の姿なのです。心においても貧しい人、徹底的に貧しい人、その人が幸いな人です。

憎まれるとき

人の子のため、人々があなたがたを憎むとき、あなたがたを除名し、辱め、あなたがたの名をあしざまにけなすとき、あなたがたは幸いです。（22節）

主イエスが「幸いです」と言われた最後のケースは、「人々があなたがたを憎むとき」です。これは、20～21節にあった「貧しい者」「飢えている者」「泣く者」とは明らかに違います。ですから、これは改めて考えたい問題です。要するにこれは、「人々があなたをどのように評価するか」という問題です。

私たちは誰でも、この社会から受け入れられ、正当に評価されることを期待します。十分に顧みられ、それ相応の出世も望んでいます。そうなることを願わない人はいないでしょう。しかし、主イエスはそのような私たちの願いに水をかけるように、あなたが幸いなのは、あなたが受け入れられるときではなく、むしろ憎まれるときである、社会があなたを評価するときではなく、むしろ拒否するときであると言われたのです。

主イエスは、世の人々がクリスチャンをどのように憎み、取り扱うかを具体的に語っていきます。まず「除名」です。仲間外れにされることです。社会から分離され、近所づきあいからも切り離されることです。次に「辱め」です。この世からのあざけりや、面と向かって侮辱されることです。最後は「あなたがたの名をあしざまにけなす」ことです。

なぜクリスチャンがこの世においてそのような扱いを受けるのか、主イエスはヨハネの福音書でその理由を明らかにしています。

「もしあなたがたがこの世のものであったなら、世は自分のものを愛したでしょう。しかし、あなたがたは世のものではなく、かえってわたしが世からあなたがたを選び出したのです。それで世はあなたがたを憎むのです」（15・19）

これは、この世とクリスチャンの関係を語っています。私たちは世にありながら、世に属していないのです。そこに、クリスチャンが憎まれる根本的原因があります。

クリスチャンはこの世にとってはむしろ煙たい存在です。その実例は、使徒の働きに数々記録されています。使徒の働き11章で、弟子たちは、初めて「クリスチャン」と呼ばれるようになりましたが、それでさえ、もともとは蔑称でした。「キリスト野郎」「キリスト馬鹿」というくらいの言い方でした。その昔、日本のクリスチャンたちも「耶蘇《やそ》、耶蘇」と言ってののしられたのは、まさにそのとおりでした。

このような世の扱いの根底にある理由は、クリスチャンがこの世に属していないということです。もし私たちが「この世のもの」であったならば、憎まれるはずはありません。当然愛されたでしょう。しかし、私たちはこの世のものではなく、世から選び出された者なので、この世から不当な扱いを受けるのです。

初代教会の迫害

このような扱いを受けることは、驚くことではありません。主イエスは、弟子たちがやがて迫害に直面することをよく知っていました。この世の人々がクリスチャンを憎むのは普通のことなので、このような警告を繰り返し弟子たちに与えました。ルカの福音書21章16節から17節では、「あなたがたは、両親、兄弟、親族、友人たちにまで裏切られます。中には殺される者もあり、わたしの名のために、みなの者に憎まれます」と警告しています。そして、主のおことばどおり、私たちは、初代教会が迫害の中を通ったことをよく知っています。それは、キリスト教の歴史において最初から今に至るまで繰り返されてきました。迫害のない時代に生きているのは例外的なことです。ペテロはそのようなとき、「何か思いがけないことが起こったかのように驚き怪しむ」ことのないように警告しました（Ⅰペテロ4・12～13）。私たちはこの世のものではなく、私たちが神の国に属しているからです。私たちは、みな二重国籍者です。しかし、どちらかを優先しなければならない事態に直面したとき、その選択をしなければならないならば、私たちは、神の国を優先するのです。神の国とその義を第一とします。だから、この世は「憎む」のです。これは不可避なことです。私たちは当然のこととしてこのことを覚えておかなければなりません。

初代教会において、クリスチャンになることは、ただちに共同体から追放され、家族から追い出され、職を失い、迫害されることを覚悟しなければならなかったのです。

しかし、主イエスは、いつも必ずクリスチャンが迫害されるとは言われませんでした。主イエスの言い方は注意深く、「人々があなたがたを憎むとき」です。この「とき」ということばは、現代の私たちにとって一つの慰めです。現代の日本では信教の自由が保証され、人々はキリスト教に寛大になり、そのおかげでクリスチャンが憎まれずに生きることができる時代です。それでもなお「そのようなとき」があります。それは日々の歩みの中で個人的経験としても直面する事態でしょう。そのようなときには、クリスチャンは主イエスを信じるゆえに、その信仰のゆえに、不利益を被る覚悟が必要です。減給、昇級の遅れ、さらには左遷、転職などを余儀なくされるでしょう。そのようなとき、私たちは覚悟をしなければならないのです。私たちは、最終的には、会社や社会、この世のために生きているのではないからです。私たちは、神の国に属する者です。この世とは全然違った基準と目的をもって、神の国の市民として生きています。重大な選択に直面したとき、私たちが神の国に属していることが明らかになってくるのです。

私たちは、ふだん多くの人々と一緒に働き、共に生きています。そこではクリスチャンは一般の人々と区別がありません。しかし、「人の子のために」私たちは譲歩できないときがあります。憎まれることを覚悟しなければならないときがあります。そのような事態に直面するとき、「あなたがたは幸いです」と主イエスは言われました。

喜び喜べ

その日には喜びなさい、おどり上がって喜びなさい。天ではあなたがたの報いは大きいから。彼らの父祖たちも、預言者たちに同じことをしたのです。（23節）

そのようなとき、私たちはどうするべきでしょうか。主は、「その日には喜びなさい、おどり上がって喜びなさい」と命じました。人々が私たちを憎むとき、キリストの弟子である者は、恐れたり不安を抱いたりしてはいけないのです。意気消沈したり、悲しむ必要もありません。むしろ、「喜びなさい」と言うのです。しかも通常の喜びではなく、「おどり上がって喜びなさい」と主イエスは言われました。これはなんという逆説でしょうか。この世が最も不幸と考えることを、私たちは祝福と見なして喜ばなければならないのです。

このような驚くべきみことばに直面するとき、私たちはことばを失います。しかし、最初の弟子たちは、事実そのように生きました。使徒の働き5章にペテロたちの姿が記録されています。ペテロは逮捕され、投獄され、殺されそうになりましたが、ガマリエルのとりなしで、なんとか釈放されることになりました。その時のことがこう記されています。

「使徒たちは、御名《みな》のためにはずかしめられるに値する者とされたことを喜びながら、議会から出て行った」(41節)

なぜ彼らは喜ぶことができたのでしょうか。それは、そこにこそ、聖書の観点から見る真の幸福があったからです。後年、ペテロはこのように書きました。

「むしろ、キリストの苦しみにあずかれるのですから、喜んでいなさい。それは、キリ

ストの栄光が現れるときにも、喜びおどる者となるためです」（Ⅰペテロ4・13）
キリストの苦しみにあずかることができる喜びがペテロにはあったのです。

喜びの理由

それにしても、主イエスはなぜ、「おどり上がって喜びなさい」と言われたのでしょうか。その理由は23節後半に書いてあります。なぜなら「天ではあなたがたの報いは大きいから」。この「天」は、言うまでもなく神の国を指しています。人々に憎まれたり、除外されたりすること自体がうれしいわけではありません。しかし、神の国における「報い」のゆえに大喜びすべきことだと、主イエスは言われたのです。はたして私たちは、「神の国における報い」という考え方を失ってしまってはいないでしょうか。これはクリスチャンが地上の生涯を歩むうえで決して忘れてはならないことです。

私たちは、この地上でどのように生きたかということが、死後の永遠の状態に大きな影響を与えることを知っています。主イエスはそのことを繰り返し教え続けました。

たとえば、ミナのたとえ話（ルカ19・12～27）を思い出してください。一ミナを与えられた人は、十ミナをもうけました。主人（神）は彼に対して、「よくやった。良いしもべだ」と評価し、彼に十の町をゆだねられました。また一ミナで五ミナもうけた人にも、同じように五つの町をゆだねられました。しかし、一ミナをふろしきに包んだまま何もしなかった人に対しては、彼からその一ミナを取り上げてしまいました。

またタラントのたとえ話（マタイ25・14～30）も同様です。主人（神）は商売をするために、ある人に五タラント、ある人には二タラント、ある人には一タラントをゆだねました。彼らはそれを用いてできるだけの利益を上げるべきでした。

これらはいずれも、この地上においてどのように生きたかということが、神の国における報いに深い関係があることを明らかにしているたとえです。

また、ヘブル人への手紙の著者は、迫害に苦しむ信者たちに、「あなたがたの確信を投げ捨ててはなりません。それは大きな報いをもたらすものなのです」（10・35）と信仰にとどまるように励ましています。モーセも「報いとして与えられるものから目を離さなかった」（同11・26）ことを告げています。

そして、黙示録11章18節に、ついにはそのような時がくることが書かれています。「あなたのしもべである預言者たち、聖徒たち、また小さい者も大きい者もすべてあなたの御名を恐れかしこむ者たちに報いの与えられる時…」。そうです。主イエスは、この時のことを思って、「おどり上がって喜びなさい」と励ましたのです。そして、約束されました。「わたしはすぐに来る。…わたしの報いを携えて来る」（黙示22・12）。それは、クリスチャンであるゆえに、神の御子の御名のゆえに苦しんでいる者すべてにとって、大いなる慰めと励ましでした。それこそ栄光の望み、究極の喜びです。

天での報いを求めて生きる生き方には反発を覚える方もいるようですが、しかし、神が与えると約束されたものを期待しないことは、かえって神に対する傲慢ではないでしょうか。聖書はアブラハム以来（創世記15・1）、黙示録の最後（22・12）に至るまで、この約束に満ち満ちているのです。そして、それを求めて生きるように私たちを励ましています。

神の国への視点

主イエスの観点からは、真に幸いな人は「貧しい人」「憎まれている人」です。では、貧しい者は、なぜ幸いなのでしょうか。もちろん、ルカは貧しさそのものが幸いだと言っているのではありません。そのようなお人よしの論理を振り回しているのではありません。初代教会の人々は物を分かち合っていたので、「ひとりも乏しい者がなかった」(使徒4・34)と書いてあります。ですから、「乏しい者がない」のは、もちろんよいことです。貧乏であることとの推奨や称賛ではありません。ではなぜ貧しさが幸いなのでしょうか。

そのことを考えるために私たちは、マタイとルカの第三番目の違いに注目する必要があります。それは、ルカが「いま」と「やがて」ということばを繰り返し使っていることです。21節で「いま飢えている者は幸いです」と言い、次も「いま泣く者は幸いです」と言っています。なぜなら、その人たちは「やがて」満ち足り、「やがて」笑うようになるからです。つまりルカは、現在の苦しみと将来もたらされる祝福を強烈に対比させながら語っています。将来祝福を経験する人は、現在悲しんでいる人々です。現在飢えている人々であり、「いま」泣いている人々です。その人々だけが、将来その祝福にあずかることになるのです。ルカは、「いま」と「やがて」を明確に区別しました。そして、祝福は、「やがて」必ず訪れることを約束しました。ですからルカは、ここで御国の約束を明確にしているのです。その約束されている祝福のゆえに、「幸い」だと言っています。その祝福にあずかるのは、貧しい人だけです。

ペテロが、「私たちは自分の家を捨てて従ってまいりました」と言った時、主イエスが何と答えられたか覚えているでしょうか。

「まことに、あなたがたに告げます。神の国のために、家、妻、兄弟、両親、子どもを捨てた者で、だれひとりとして、この世にあってその幾倍かを受けない者はなく、後の世で永遠のいのちを受けない者はありません」（18・29〜30）

この世でも祝福がある。しかし、後の世で、さらに大きな祝福が待ち受けている。だから、貧しい者は幸いなのです。
マリヤの賛歌はこのことを見事に表現しています。

主は、御腕《みうで》をもって力強いわざをなし、
心の思いの高ぶっている者を追い散らし、
権力ある者を王位から引き降ろされます。
低い者を高く引き上げ、
飢えた者を良いもので満ち足らせ、
富む者を何も持たせないで追い返されました。（ルカ1・51〜53）

御国での幸い

はたして、私たちは貧しい者であるのでしょうか。あるいはこの世から憎まれている者であるのでしょうか。それこそ、私たちが今、自分自身に問いかけるべきことがらです。それは、この世でどう生きるのかと問いかけることです。もし私たちの関心が今の生活にしかないとしたら、あるいは、今どの程度の生活ができるのか、今どれくらい豊かに生きることができるか、今をどれくらい楽しく生きることができるか、今どうしたら苦しみを避けることができるか、ということだけに向いているならば、私たちは、とうていこの主の説教に真正面から向き合うことはできないでしょう。

主イエスにとって重要なのは「今」ではありません。やがて成就する「神の国」です。だからといって、この今の世の生活が無意味であるわけではありません。「みこころが地でも行われる」（マタイ6・10）ことが私たちの祈りです。しかし、私たちがこの世に埋没すれば、この世を救うことはできません。むしろ神の国に目を向けることによって、私たちはこの世と適度の距離を保って生きていくことができるのです。

ですから、主イエスが語っている幸福は、この世の願う幸福とは、おのずから違ったものになっていきます。この世的に考えるなら、貧しく生きることが幸いなわけはありません。貧しさが幸いなのは、神の国における幸福を目指しているからです。飢えたり泣いたりしている者が、それ自体で幸いなはずはありません。それは、やがて実現する神の国の現実を語っているからです。

主イエスは、神の国における評価を目指して現在を生きることが、最終的には真の幸いをもたらすと語られました。しかし、今日、私たちの生き方は、あまりにもこの世の生き方にとらわれすぎてはいないでしょうか。ハーバード神学大学院のハーヴィ・コックス教授がこう言っているのを読みました。

「一つの変動が、キリスト教信仰の中で進行しつつある。来世で何が起こるかに焦点を合わせる代わりに、次のように問いかけることへと移り変わりつつある。『私たちは、今、どの程度の質の生活を送っているだろうか?』…教会に毎週通っても、地獄について一言でも聞くことができれば、それは驚きである」(Mike Anton; William Lobdell, Hold the Fire and Brimstone, *Los Angeles Times*, June 19, 2002)

「今」か「やがて」か

主イエスが言われたのとは正反対に、今日、私たちクリスチャンの関心は「やがて」から「今」に移っているのではないでしょうか。「今、この世で、どの程度の生活を送れるか」。そこに私たちの関心が移っているとはいえないでしょうか。今の貧しさをいとい、今をいかに豊かに生きることができるかに夢中になっていないでしょうか。教会全体が、この世での幸福志向に染まっていきつつあることはないでしょうか。

しかし、主の幸福を見る視点は「やがて」です。私たちも「やがて」どうなるのかをもっと意識すべきでしょう。ここには、私たちキリスト者の生き方への根本的な問いかけがあるように思います。これは現代に生きるクリスチャンへの、主からの問いかけです。

日本社会は、一九八〇年代のバブル景気を経て、貧しさを忘れ、貧しくなることを恐れるようになってしまったのではないかと思います。今日、生涯を主にささげて奉仕しようとする献身者が少ないのは、ひょっとしたら貧しさを避けているからかもしれません。しかし主イエスは約束されました。「わたしのために、また福音のために、家、兄弟、姉妹、母、父、子、畑を捨てた者で、その百倍を受けない者はありません」（マルコ10・29～30）。

神の国の到来によって、すべての価値が逆転します。今飢えている者は、やがて満ち足ります。今泣いている者は、やがて笑うようになります。神の国は、その人のものです。ですから貧しさを恐れることのない生き方をしたい。そこにこそ、幸いがあるという主の約束のことばに信頼したいものです。

東日本大震災が起きてからほどなくして、私は被災地の友人を訪ねました。彼の所属する教会のすぐ近くまで津波が押し寄せてきましたが、教会自体は被災を免れたとのことでした。しかし、何人かの教会員の家は被災し、その時も避難所暮らしを続けておられました。残念なことは、教会員の中にこの大震災を経験して信仰から離れてしまった人がいるということでした。

心が痛む話ですが、それでもなお、こう言わせていただきたいと思います。もし私たちが、この世でどれくらいの生活ができるのかということを最終的な目標としているなら、このような大震災を目の前にして教会にとどまることの意義はもはやないと考えても不思議はありません。しかし、すでに見てきたように、私たちは神の国の住民です。それゆえに、今は地上で貧しく、飢え、泣き暮れても、さらには憎まれるようになっても、なお喜びうる者です。厳しい現実に直面するとき、私たちは自分の最終的故郷がどこにあるのか、地上には最終的な故郷はないことを叫ばなければならないと思いました。

キリストに従って生きるのは簡単なことだとは、主は言われませんでした。「自分を捨て、自分の十字架を負い、ついて来」るよう主は求められました（マタイ16・24）。今日、あまりにも福音が安売りされ、神の愛だけが強調される風潮の中で、この主イエスの挑戦のみことばに耳を傾けたいと思います。

「今の時の軽い患難は、私たちのうちに働いて、測り知れない、重い永遠の栄光をもたらす」（Ⅱコリント４・17）

第2節　富む者は哀れです（ルカ6・24〜26）

前節で主イエスが明らかにされたことは、「真の幸いとは何か」ということでした。この場合、「幸い」というのは「神から祝福を受ける」という意味です。神の目に「幸い」と映っているということです。その実際は、人間の目には正反対と思われる、いや、この世の価値観からは不幸とさえ思われる状況かもしれません。その幸いとは、本気で「神の国」を待ち望んでいる人々にだけ当てはまるものです。やがて神の国が完成し、神がさばきを行うことを待ち望んでいる者だけが喜ぶことができるメッセージです。そして、主イエスのメッセージは、いつも私たちをそこへと導いていきます。この点に関しての信仰の吟味へと私たちを向かわせます。私たちが本当に神の国を目指しているのか、私たちは本当に神の国を信じ、そこに入ることを渇望しているのか、将来神の国でのさばきと報酬ということに私たちの照準が合っているのか、そういう信仰になっているのかどうかを私たちに問いかけるのです。内村鑑三は、「今時の聖書研究は如何？　今時の聖書研究は大抵は来世抜きの研究である」と批判し、「来世抜きの聖書は味なき、意義なき書となるのである」と喝破しています。（『内村鑑三選集』第七巻、岩波書店、一九九〇年、二〇三頁）

ところが、今日もてはやされているのは、そういうキリスト教信仰ではないように思われます。福音的な教会においてさえ、説教における強調点が変化してきているのではないでしょうか。主イエスの主たるテーマであった「神の国」や「永遠の刑罰」「御国の完成」というような聖書の厳粛なテーマは背後に隠れて、子育てや親子関係、結婚セミナーや夫婦関係のセミナー、実際的な人間の生き方をテーマとする説教へと移り変わりつつあるのではないでしょうか。教会は、伝道のためと信じて、この世に対して自らがもっと魅力的に映るように努力してきました。そのため教会は長年にわたり、力をこめて「神の愛」を強調してきたのです。

そういうテーマがまったく不要であるとはいえません。しかし、そうすることで本来伝えるべくゆだねられたメッセージを語らないならば、私たちは本当に福音を伝えているといえるのでしょうか。

内村鑑三の指摘は、残念ながら今日においても的を射たものです。

「天国の光輝《かがやき》と地獄の火とを背景として読むにあらざれば福音書の冒頭《はじめ》に掲げられたるイエスの此最初の説教《みをしえ》をすら能く解することが出来ない」(前掲書、二〇〇頁)

しかしながら、私たちが改めて主イエスのメッセージに向き合うとき(平地の説教も例外ではありません)、そのメッセージに真剣に耳を傾けようとするとき、私たちは今日の教会の関心が主イエスの教えから乖離《かいり》しつつあることを思い知らされます。しかし、主イエスの説教は、私たちをいつも、この聖書の最も厳粛なテーマへと導いていきます。その全体が神の国の完成を大前提としているからです。そして、とりわけこの箇所において、主イエスはこの問題に私たちを直面させているように思います。

「貧しい者」対「富む者」

しかし、あなたがた富む者は哀れです。慰めをすでに受けているから。（24節）

主イエスは、この節を「しかし」で始めて、前節までの「幸い」と鋭く対比させています。なぜなら、これから考える24節から26節では、それまでと正反対のメッセージが語られるからです。20節から23節では、「貧しい者は幸いです、飢えている者は幸いです、泣いている者は幸いです、人々に憎まれる者は幸いです」と「幸いです」が四回繰り返されました。それに続いて「しかし」と、主イエスは正反対の人々を取り上げています。

(1)「貧しい者」対「富む者」
(2)「飢えている者」対「食べ飽きている者」

(3)「泣く者」対「笑う者」
(4)「人々が憎むとき」対「みなの人がほめるとき」

マタイと比較してみると、ここにもルカ独自の視点があることがわかります。マタイには、このような哀れに関する「不愉快な（?・）」説教は記録されていません。マタイは「幸い」だけを語りました。しかしルカは、主イエスが「哀れ」についても語ったことを私たちに教えています。

「哀れ」の意味

主が「哀れ」と言われた時、何を意味していたのか、もう少し正確に理解する必要があります。日本語の「哀れ」は「悲哀」や「憐憫《れんびん》」に通じることばで、現代的な影響を受けた訳語かもしれません。新共同訳聖書は「富んでいるあなたがたは、不幸である」と訳しますが、「不幸である」もこの語が含む本来の意味を十分には表現していません。ずっと優しいことばで置き換えられています。むしろ口語訳と文語訳のほうが、もっとよく本来の意味を伝えています。口語訳は「わざわいだ」であり、文語訳は「わざわいなるかな」と訳しています。

この箇所をそのまま訳すならば、「わざわいなるかな。あなたがた、富む人々は」となるでしょう。もっとはっきりと訳せば、「わざわいが、あなたがたに、富む人に（あるように）」ということです。つまり、これは本来、幸福とか不幸とかそういう私たちの情緒的な心持ちを指すことばではありません。主イエスは、明らかに将来の神のさばきを前提にしてこのことを述べているからです。「哀れ」と訳されても、それは神のさばきのもとにあるゆえの哀れさを指しているのです。「幸い」ということが神に祝福された状態を意味しているように、「哀れ」というのは、神の怒りの下に置かれた状況を指しているのです。元をたどればギリシャ語の「ウーアイ」やヘブル語の「ホーイ」や「オーイ」（「ああ！」と訳される）であって、それは悲劇的な叫びを意味しました。

このことばは、旧約聖書でしばしば預言者たちが使いました。その典型は、イザヤ書5章でイザヤが語った一連のさばきの中に出てきます。
8節「ああ。家に家を連ね、畑に畑を寄せている者たち」
11節「ああ。朝早くから強い酒を追い求め、…ぶどう酒をあおっている者たち」
18節「ああ。うそを綱として咎《とが》を引き寄せ…ている者たち」

このように、イザヤは「ああ」で神の怒りの対象を列挙しています。この「ああ」と訳されているのは、「哀れです」と訳されたのと同じ語源のことばです。イザヤも主イエスと同じように、富む者、罪を悔い改めない者に対して、「ああ」とわざわいの予告を宣告しているのです。

イザヤ以外の箇所を見ても同様のことがいえます。イスラエル人が「モアブよ。おまえはわざわいだ」と宣告した時も（民数記21・29）、エレミヤが「ああ。エルサレムよ」と嘆いた時も（エレミヤ13・27）、ちょうと同じ表現でした。

聖書の中でこのことばを頻繁に用いたのは、実は主イエスご自身でした。このことばは、福音書の中に三十回も現れます。

主イエスは、悔い改めなかった町々をこう責めました。

「ああコラジン。ああベツサイダ。おまえたちの間に起こった力あるわざが、もしもツロとシドンでなされたのだったら、彼らはとうの昔に荒布をまとい、灰の中にすわって、悔い改めていただろう」（ルカ10・13）

ここでも「ああ」というのは「哀れ」と同じことばです。コラジンやベツサイダの町がやがてさばきの日に直面する悲劇を指し示して、このことばを語りました。

私たちは、このような主イエスの厳しさになかなか目を向けられません。むしろ愛の権化として主イエスを偶像化しようとするでしょう。しかし、これが主イエスの視点です。主は、最終的に人々が神によって祝福を受ける状態にあるのか、それとも神から怒りを受けるのか、その神の最後のさばきという観点から幸か不幸かを語っているのです。

富む者

そのような観点から見たとき、何が「哀れ」となるのでしょうか。24節で主イエスが扱っているのは、「富む者」の問題です。主は、「あなたがた富む者は哀れです」と言われました。富む者が哀れなのは、「慰めをすでに受けているから」です。

これこそ金持ちの、富む人の、特徴です。彼らの特徴は、この地上ですでに報酬を十分に受け取っているということです。この世から十分な見返りを受けました。なぜなら富む人は、自分のために、自分の慰めのためにお金を使ったからです。他の人を助けるためには、自分の富をわずかに使うか、あるいはまったく使いませんでした。ですから、富む人には将来受ける分はなく、神の国において受ける報酬がないのです。やがてさばきの日に、主の御前に立って、「あなたへの報酬はゼロです」と宣告されます。

ルカという人は、この富の問題に格別興味を抱いた人物でした。12章16節から20節で、ルカはある金持ちのたとえを記録しています。「ある金持ちの畑が豊作であった」と始まるたとえです。豊作だったので、彼はもっと大きな倉を建てて、そこに自分の作物を蓄えて、これから何年も遊んで暮らせるように貯蓄しました。「さあ、安心して、食べて、飲んで、楽しめ」。これが彼の人生観でした。だから彼は慰めをすでに受け取っているのです。しかし、彼の魂はその日のうちに取り去られてしまいました。

もっと悲劇的な、そしてこの箇所に深く関連しているのは、16章19節から31節の「金持ちとラザロ」のたとえ話でしょう。これも有名なたとえ話で、一度読んだら忘れられないほど深い印象を残します。ある金持ちが、紫の高価な服を着て、毎日ぜいたくに遊び暮らしていました。ですから彼はすでに慰めを受けているのです。さらに、彼の家の前にはラザロという全身おできのできた極貧の人がいましたが、金持ちはラザロに対して無関心でした。やがて、金持ちも、貧しいラザロも、同じように死にました。金持ちは死後、燃える炎の中で苦しみ続け、貧しいラザロはアブラハムの懐に入り、神からの祝福を頂きました。主イエスは、アブラハムの口を通してこう言っています。

「思い出してみなさい。おまえは生きている間、良い物を受け、ラザロは生きている間、悪い物を受けていました。しかし、今、ここで彼は慰められ、おまえは苦しみもだえているのです」(16・25)

このラザロのたとえ話は、主イエスが語った「貧しい者は幸いであり、富める者は哀れだ」ということの完全な解説となっています。金持ちは、この地上で報いを十分に受けたので、死後にはそれがないのです。

さらにルカは18章18節から25節で、富める青年の話を記録しています。富める青年は、親から譲り受けたのであろう多くの財産のゆえに、キリストに従う決心ができませんでした。お金に信頼するという生き方をやめることができなかったからです。主イエスは、その青年を去らせてのち、こう結んでいます。

「裕福な者が神の国に入ることは、何とむずかしいことでしょう。金持ちが神の国に入るよりは、らくだが針の穴を通るほうがもっとやさしい」(18・24〜25)

事実上、金持ちは神の国に入ることはできないと言われたのでした。ですから、神の国の観点からは、貧しい者が幸いなのです。

もちろん主イエスは金持ちは救われないと言ったのではありません。事実、金持ちでありながら主イエスの弟子であった人々も聖書には登場します。アリマタヤのヨセフはその一人で、彼は主イエスの埋葬の時に、自らの富を用いて主に仕えました。またルカ８章３節には、自分の財産をもって仕えた女性たちへの言及もあります。ですから富そのものが悪だというのではありません。

しかし、富には独特な誘惑があります。それは、神に取って代わり、私たちの信頼のよりどころとなってしまうことです。そして、富への信頼からプライドと自己満足が生まれ、さらには、それを自分の慰めのためにだけ用い、天に宝を積まない利己主義に至ります。富は、しばしば神の国の福音に耳を傾けることを妨げるように作用します。ですから、そのような人々が神の国に入れないのは驚くことではありません。

富む者の問題

いま食べ飽きているあなたがたは哀れです。やがて飢えるようになるから。いま笑うあなたがたは哀れです。やがて悲しみ泣くようになるから。（25節）

主イエスは金持ちの姿を具体的に挙げています。富む者の一般的な特徴は飽食です。それは貧しい者の特徴が飢えであったのと対照的です。飽食や美食は、私たち日本人にとって身近な問題です。私たちも美食や過食には注意が必要です。

また主イエスは、「いま笑うあなたがたは哀れです」とも言われました。これも貧しい者が泣くことと対照的です。すべての笑いが悪であるわけはありません。しかし、富の豊かさがもたらす「笑い」や「快楽」、低俗なテレビ番組の提供する下品な笑いにも注意が必要です。

富み、食べ飽きて、笑う人は、哀れな人です。彼らはみな、「慰め」をすでにこの地上で受け取っています。主イエスは、そのような人々に最終的なさばきを宣告されました。神のさばきに直面する時、彼らは飢え、悲しみ、泣くようになるのです。

以上、私たちは、貧しい人と富める人とについて考えてきました。幸いなのは「貧しく、飢え、泣いている者」です。わざわいなのは「富む者、食べ飽き、笑っている者」です。そして、私たちが自問しなければならないのはこのことです。私は主イエスが幸いだと言われたような「貧しい人」であるのか、それとも主イエスが哀れだと言われた「富める人」であるのか。私たちは、どちらの生き方をしているのだろうかということです。

財産や貯金や給料が実際どれくらいかということで考えるならば、私たちは誰一人、「金持ちだ」と自認できる人はいないかもしれません。でも貧しいアジアやアフリカの諸国の人々に比べたら、多くが金持ちであると言わなければならないでしょう。主イエスが財産の絶対量を問題にしているのではないことは確かです。主イエスは、ご自分の説教を聞いている人々に向かって、「あなたがた」と繰り返し問い続けています。それは、主の説教を聞いている私たちに向かって語っているのです。

この世での名声を求め、成功を求め、豊かな暮らしを求め、一時的な慰めや喜びを与えてくれるものを求めて生きている人は、主イエスの目には「哀れ」です。なぜなら、神の怒りの対象でしかないからです。しかし、この地上において経済的には苦しく、時には痛みも恥も受け、しかし神の国とその義のために生きるならば、それが幸いなのです。なぜなら、神の国はその人のものだからです。私たちの生涯は、死ぬまでその選択をし続けることになるでしょう。主の言われた「幸い」を求めて歩んでいきたいと思います。

世からの評価という問題

みなの人がほめるとき、あなたがたは哀れです。彼らの父祖たちも、にせ預言者たちに同じことをしたのです。（26節）

さて、主イエスが最後に問題にしたのは、再びこの世からの評価という問題でした。私たちは、ここでも前節と対照的なことが語られていることに気がつきます。

主は22～23節でこのように言いました。

「人の子のため、人々があなたがたを憎むとき、あなたがたを除名し、辱め、あなたがたの名をあしざまにけなすとき、あなたがたは幸いです。その日には喜びなさい、おどり上がって喜びなさい。天ではあなたがたの報いは大きいから。彼らの父祖たちも、預言者たちに同じことをしたのです」

ある日の日曜礼拝で、「人々があなたがたを憎むとき、おどり上がって喜びなさい」という箇所から説教したとき、あとから子どもが、「先生。本当におどっていいの?」と質問してきました。子どもにとってもそれは奇妙に思えたのでしょう。主イエスは、どうやらこの四番目の幸いをいちばん強調しているように思えるのです。いちばん重要視して、いちばん詳しく書いています。ついには多少オーバーに、「おどり上がって喜びなさい」

という表現になったのです。そして、最後にその理由を明らかにし、その代表的な実例として預言者を引き合いに出しています。この世から憎まれ、除名され、辱められた人々と、預言者との類似性のゆえです。たとえば預言者エレミヤは、最も悲劇的な例です。彼は自分の国が滅びる最も困難な時代に預言者として召されました。エジプトに助けを求めることをやめ、バビロンに降伏することを勧めましたが、時の権力者はエレミヤを迫害し、地下牢《ろう》に閉じ込め、泥の井戸の中に沈め、命を奪おうとしたのです。しかし、迫害を受けることによって、彼が真の預言者であり、神の国の民であることを証明していたのです。そのことのゆえに、主は「おどり上がって喜びなさい」と言いました。

にせ預言者の例

それと対比するように、主イエスは、私たちがほめられるときについて語ります。それが26節です。

「みなの人がほめるとき、あなたがたは哀れです。彼らの父祖たちも、にせ預言者たちに同じことをしたのです」

哀れなのは、実に「人々がほめるとき」です。子どもを育てるとき、ほめてあげることの大切さがよくいわれます。確かに、子どもはほめると、それによって大きな励ましを受けるようです。しかし、ここではそういう場合のほめることを想定していません。あるいはノーベル賞級の大発見をして、世界中の人々から称賛を受けても、それは主イエスの考えていた問題ではありません。では、ほめられて何がいけないのでしょう。なぜ哀れなのでしょうか。

その手がかりは、22節との比較にあります。この26節は22節と完全に対になっていますが、26節が22節と違っているのは、「みなの人がほめるとき」です。「全員がほめるとき」です。全員にほめられるようなときは、危険が潜んでいます。そこにはある意図があって語られているからです。一般的に言っても、全員が賛成するようなことというのは何かおかしいと考えられます。

そして、その真意をわかりやすく説明するために、主イエスはにせ預言者と比較しているのです。26節には、本当は「なぜなら」ということばが入っています。それを付加して読むとこうなります。「みなの人がほめるとき、あなたがたは哀れです。なぜなら、彼らの父祖たちも、にせ預言者たちに同じことをしたからです」

イスラエルの先祖たちはみな、にせ預言者をほめました。全員そろって、にせ預言者をほめました。なぜなら、にせ預言者は人々にほめられ、評価され、受け入れられるようなことしか語らなかったからです。にせ預言者はいつも、人間を見て受けのよいことを語りました。にせ預言者が気にしていたのは、人々の反応です。これを語ったら人々はどう思うか、どう反発されるか。しかし、真の預言者は、神からのみことばをまっすぐに語りました。水増しもなく、受け入れやすく変更することもなく、反発を覚悟で語りました。その常套句《じょうとう》は、「主は、こう仰せられる」でした。だから全員がほめることは決してありえなかったのです。

主イエスがここで警告しているのは、このような、神にではなく、人々に受け入れられるように語るにせ預言者のことです。にせ預言者のように語り、生きているとき、そのとき生じる「ほめられる」という現象を「哀れ」と呼んだのです。

　私たちは、もう一度、主イエスが格別に弟子たちを見つめながら話していることを思い起こす必要があります。「イエスは目を上げて弟子たちを見つめながら」（20節）弟子たちに向かって、にせ預言者とならないように警告を与えたのでした。

自己吟味の必要

　この世にあってクリスチャンがその信仰のゆえに非難を受けないという生き方は、主イエスには考えられませんでした。クリスチャンが真剣に生きようとするとき、必ず非難を受けます。逆に全員にほめられるならば、それは危険でさえあります。もはや地の塩、世の光として生きていないからです。この世に埋没して生きているからです。この世の一部として語っているからです。使徒ペテロは、そのような主イエスの思いを代弁して、こう言いました。

「もしキリストの名のために非難を受けるなら、あなたがたは幸いです。なぜなら、栄光の御霊《みたま》、すなわち神の御霊が、あなたがたの上にとどまってくださるからです。…キリスト者として苦しみを受けるのなら、恥じることはありません。かえって、この名のゆえに、神をあがめなさい」（Ⅰペテロ４・14、16）

ですから、私たちは正直な自己吟味と反省をもって応答したいものです。主イエスのメッセージは、この世の常識から考えれば、正反対のことを語っていると言わざるをえません。この世では、貧しい者が幸いだ、というような発想は生まれません。生まれようがありません。しかし主イエスは、私たちの幸、不幸についての一般的な考え方を根底から覆しました。言い換えれば、私たちがこの世の人々と同じ幸福の基準をもって生きることを禁じているのです。この世の人々が幸福と思うことを幸福と考え、この世の人々が不幸と考えることを不幸と考えていたのでは、主イエスの基準から外れていってしまうことになるのです。ですから私たちは、自分がどのような幸福を追求しているのか、立ち止まって、ここで自問しなければなりません。

主イエスが「幸いだ」と言われたことを、私たちも本当に「幸い」と呼ぶことができるでしょうか。主イエスが「哀れ」と言われたことを、私たちは本当に「哀れ」と思っているでしょうか。私たちのこの世での本当の願いは何でしょうか。キリストの御名のために貧しくなり、迫害を受けることは、本当に祝福であると考えているでしょうか。この世の一時的楽しみや快楽が、将来の報酬よりもっと重要なものとなってしまっていないでしょうか。はたして、私たちは、主イエスが明らかにされた「幸い」と「哀れ」の基準を心から受け入れ、「アーメン」と言うことができるでしょうか。それが、私たちが行う自己吟味です。

御国の到来を慕って

最後に、このような教えは、実は主イエスが新たに生み出したものではないことも確認しておきたいと思います。それは、聖書の中で繰り返し語られてきた真理です。たとえば、イエスの母マリヤは有名な「マリヤの賛歌」の中でこう歌いました。
「主は、御腕をもって力強いわざをなし、心の思いの高ぶっている者を追い散らし、権力ある者を王位から引き降ろされます。低い者を高く引き上げ、飢えた者を良いもので満ちたらせ、富む者を何も持たせないで追い返されました」（ルカ1・51〜53）
ここには、すでに主イエスの平地の説教の神髄が語られています。神は、富む者、権力ある者、高ぶる者を何も持たせないで追い返す。一方で貧しい者、飢えた者を満ち足らせる。つまり、現在の状況はいつまでも続かない。現在の秩序は必ず百八十度ひっくり返る。貧しい者はいつまでも貧しいままでいることはないし、富む者がいつまでも富んでいることもない。そこにあるのは、神の国の考え方です。それは、決して新約聖書の生み出したものではなく、旧約聖書の預言者たちによって語られていたメッセージでした。
この神の国の到来を前提として、主イエスは「貧しい者が幸いだ」と言われました。なぜなら、神の国はそのような人のものだからです。もう一方で、富める人々は、神の国の観点から、重大な危機的状況にあると言われました。富む人々はいつも、将来の神の国より現在の楽しみを優先させて生きる傾向があるからです。現在の楽しみを優先し、霊的なことや神のみこころに対して目を閉じ、地上ですべての報酬をすでに受け取っています。神の国において彼らが受け取るべきものは、もはや何もないのです。ですから哀れであり、わざわいなのです。富む者の問題は、富そのものではありません。富む人の危険は、神の国とその義とを第一とせず、神の国よりは富を優先させることによって、自らを神の国から閉め出してしまう点にあります。私たちもうっかりすると、主イエスは例外的な理想を語ったのであり、それはあくまで理想であって、私たちが自分の平穏な日々の生活を犠牲にしてまで追求する必要のないことなのだ、とどこかで考えてしまってはいないでしょうか。

最後にパウロの警告に耳を傾けましょう。

「この世で富んでいる人たちに命じなさい。高ぶらないように。また、たよりにならない富に望みを置かないように。むしろ、私たちにすべての物を豊かに与えて楽しませてくださる神に望みを置くように」(Iテモテ6・17)

私たちの望みは神以外にはありません。このことをもう一度、詩篇のみことばから確認したいと思います。

天では、あなたのほかに、
だれを持つことができましょう。
地上では、あなたのほかに私はだれをも望みません。
この身とこの心とは尽き果てましょう。
しかし神はとこしえに私の心の岩、
私の分の土地です。(73・25～26)

第2章　あなたの敵を愛しなさい

第1節　黄金律（ルカ6・27〜31）

本章では、27節から36節までのいちばん長い段落を見ていきます。すでに序章で確認しましたが、主イエスは、27節と35節で二度、「あなたの敵を愛しなさい」と呼びかけています。長い段落ではありながら、テーマはこのように明確です。

今日、教会でも盛んに「愛」がもてはやされ、強調されています。それ自体は悪いことではなく、愛は本当はいくら強調してもしすぎることのない、聖書の、そして人類の、永遠の課題です。しかし、今日、愛は少し偏って語られているのではないかと思います。

「人は愛されるために生まれた」という歌がはやったことがありました。また自分を愛することが強調されたこともありました。しかし、主イエスはそういう愛を教えませんでした。他の人から愛されることではなく、他の人を愛することを教えたのです。それは、多かれ少なかれ、自分自身が犠牲になる、自己犠牲の愛です。愛の問題を考えるとき、私たちは愛する主体であることを忘れないように注意したいものです。主イエスは、この箇所で、私たちをもっと深く高い愛の基準へと導いていきます。それが「あなたの敵を愛しなさい」というテーマなのです。

転換点

しかし、いま聞いているあなたがたに、わたしはこう言います。あなたの敵を愛しなさい。あなたを憎む者に善を行いなさい。(27節)

主イエスは再び、「しかし」でこの箇所を始めます。それは、これまで語ってきたことと対照的なことを語ろうとしているからです。主は、これまでは「あなたがたが貧しいとき、飢え、泣き、人々が憎むとき、あなたがたはどうすべきか」ということを語ってきました。そのときは「喜びなさい」と教えました。それは、神の前に自分自身がとるべき態度を教えています。主イエスはここから、「しかし」と、神に対してとるべき態度から、他の人々に対してとるべき態度、格別自分を迫害し、憎む人々（つまり敵である人々）に対してどのように応対するべきかを問題としていきます。主イエスの答えを一言で言うなら、「あなたの敵を愛しなさい」です。「あなたを憎む者を愛しなさい」。それは、前の続きから考えるならば、当然、クリスチャンを憎み、迫害し、追放する人々に対する態度です。それは愛でなければならないと言われたのです。

「あなたの敵を愛しなさい」。このようなみことばを前にするとき、私たちはどう考えたらよいのでしょうか。聖書には、このような「絶対的道徳」のようなものがあります。私たちはそのみことばに出合うと、ショックを受け、そこで思考が停止してしまいます。誰一人として、このようなみことばを正面から受け止めて、考えることができないからです。これは、聖書の中でも最も著しいことばです。最も極端なことばです。そして誰もが、「そんなこと、できっこない」とため息をついて、これは主イエスが一つの理想を語っただけだと考え、遠くから眺めるだけの「すばらしい教え」にしてしまうのです。

敵を愛するどころか、私たちは自分の味方を愛することにも困難を覚えているのが現実です。自分の夫や妻、いや親や子どもでさえ、愛することの困難を感じることがあります。敵を愛する愛がないことを告白せざるをえません。しかし、そのような自覚のもとで、あえて、これを正面から考えてみたいと思います。誰もこのようなことを語る資格があるわけではありません。資格がある人を探すのであれば、主イエス以外にはいません。しかし、私たちはいつであっても、みことばが語っている正確な意味を正しく理解する必要があります。「あなたの敵を愛しなさい」と言われた時、主イエスは、正確に何を言おうとしていたのでしょうか。何をするように教えたのでしょうか。そして、私たちには何ができるのかを考えたいと思います。

その真の意味

第一に、主イエスが「敵を愛しなさい」と言われたとき、何が何でも、いかなる状況下でも敵を愛しなさいと、絶対的な意味で言ったわけではありません。というのは、主イエスも、あるところでパリサイ人たちを呪っているからです（11・42〜52）。主イエスも、その時には敵を愛していたとは思われず、むしろ憎んでいるように見えます。そればかりか、主イエスはしばしばさばきについても語り、「悔い改めないならあなたも滅びる」（13・3、5）と断言しました。人を永遠の滅びに至らせることは、通常は愛の行為とはいえません。神のさばき（あるいは義）が、神の愛と矛盾すると思われるほどに、あるいは愛のゆえに神のさばきを否定するほどに、神の愛を絶対的なものとして主張することはできないでしょう。それは、子どもが悪を行ったときに、叱りもせず赦《ゆる》してしまう愚かな父親に似ています。ですから「敵を愛する愛」とは絶対的な意味ではないし、それは至上命令ということでもありません。ましてや、この標語によって、主イエスは世界平和を実現するような博愛主義を唱えているわけでもありません。

それではどのような愛なのでしょうか。第一に、このことはこの文脈の中で考えなければならないということです。ここは、主イエスが弟子たちに、迫害の中でとるべき態度を語っている文脈です。そういう意味では、これは弟子たちの個人的な生き方、弟子たちが信仰のゆえに苦難に遭ったときの対処のしかたを語っているということができるでしょう。

そのことは、パウロがローマ人への手紙で明らかにした原則です。

「あなたがたは、自分に関する限り、すべての人と平和を保ちなさい。愛する人たち。自分で復讐《ふくしゅう》してはいけません。神の怒りに任せなさい」（12・18〜19）

ここでパウロは「自分に関する限り」は、敵を愛しなさい、復讐してはいけないと勧めています。そういう意味で、これは個人的な生き方の問題であって、決して社会でのルールを語ったものではありません。

第二に、私たちはもう一つの区別を覚える必要があります。それは、主が「敵を愛しなさい」と命じた時、それは「愛情を抱きなさい」「好きになりなさい」と言っているのではないということです。そうであれば、これはまったく不可能なことになるでしょう。主イエスは、愛情ではなく愛を命じました。私たちは、愛情をしばしば愛と混同してしまいます。もちろん、愛情があれば愛することはもっと容易になります。しかし、愛情はなくても愛することはできるはずです。愛情があるなら、相手を抱き寄せ、抱擁することができますが、そのような感情を抱くことはできなくても、愛することはできるはずです。

私たちは、教会の中でこのことを経験しています。血縁家族ではない、いわば他人の寄せ集めの中で、私たちは誰に対しても同じ愛情をもって接しているわけではありません。ある人とは近くなりますが、ある人とは遠いままです。愛情を覚える人もいれば、そうでない人もいます。しかし、愛はこのような愛情とは違います。主イエスは「敵を愛しなさい」と命じましたが、敵に愛情を抱くようには命じませんでした。それは、人間の本性に反することだからです。

第三に、では「敵を愛する」ということを積極的に考えたとき、私たちに何が命じられているのでしょうか。それは「隣人を愛しなさい」という命令と根底において同じことを命じているのです。つまり、相手が誰であるかということによって左右されないで人を愛するということでしょう。相手が誰であれ、味方であれ、敵であれ、よい結果をもたらす者であれ、悪い結果をもたらす者であれ、相手が誰であるかということに関係なく愛することです。主イエスは、あるところでは兄弟を愛しなさいと言い、また別のところでは隣人を愛しなさいと言われましたが、ここでは敵を愛しなさいと命じているのです。そのように主イエスは愛の対象を狭く限定しませんでした。愛した結果、自分によいものをもたらす対象だけを愛する、そのような利己的な選択を許しませんでした。相手が敵であれ味方であれ、隣にいる人を愛することを教えたのです。ですから、それは「無償の愛」と呼ぶのがよいのではないでしょうか。愛した結果として何が生じてくるかということをいつも問題としているならば、私たちは敵を愛することなどとうていできないでしょう。愛をいつも損得勘定で考えていたのでは、愛することはできません。敵を愛することができるのは、このような無償の愛です。

そんな愛は、どうしたら可能なのか。そもそも本当に可能なのか、私たちは危ぶみます。そのためには、ただ愛を神との関係のゆえに用いることなのではないかと思います。相手がどのようにふるまおうと、こちらは神のみことばに従って生きていくという生き方を貫くことができるかどうかにかかっているでしょう。通常、私たちは相手の出方をいつもうかがっています。そして、相手の出方でこちらの態度を決めようとしています。相手の態度に振り回され、支配され、動かされているのです。しかし、そこに目をつぶり、相手がどうあろうと自分は主のみことばに従って生きる。そのような生き方が確立するとき、敵への愛が初めて可能になっていくのではないかと思います。

その三つの具体例

あなたを憎む者に善を行いなさい。あなたをのろう者を祝福しなさい。あなたを侮辱する者のために祈りなさい。（27節後半～28節）

では、敵への愛とは、具体的にどのような行為であるのでしょう。主イエスは三つの具体例を挙げて教えています。

第一に、敵を愛するとは、あなたを憎む者に善を行うことです（27節）。パウロが言ったように、悪をもって悪に報いないことです（ローマ12・17）。つまり、相手の行動によって決定的に影響されないで、神の御霊に影響されて考えることです。相手の行動に支配されているならば、憎まれたとき、憎しみ返して終わりです。それが通常の態度です。しかし、自分を憎む者に対してその反対を行うことはできるはずです。モーセの律法の中に一つの実例が載っています。

「あなたを憎んでいる者のろばが、荷物の下敷きになっているのを見た場合、それを起こしてやりたくなくても、必ず彼といっしょに起こしてやらなければならない」（出エジプト記23・5）

ここに敵への愛があります。「起こしてやりたくなくても」といわれていることに注目しましょう。「起こしてやりたくない」という感情がありますが、その感情に従わないで、起こしてあげるのです。それが主の弟子のあり方です。もちろん、これも簡単ではありません。感情をコントロールすることは容易ではないからです。しかし、これは不可能ではないでしょう。

第二の例は、あなたを呪う者を祝福することです（28節）。敵を愛することが、感情のレベルからことばのレベルへ引き上げられています。人から悪口を言われたとき、売りことばに買いことばというわけで、悪口を言い返すのが普通です。しかしその場合でも悪く言わないこと、むしろ相手をよく言うこと、祝福することです。ひどいことばに対して親切なことばで応答することです。パウロはローマ人への手紙12章で同じことを語りました。「あなたがたを迫害する者を祝福しなさい。祝福すべきであって、のろってはいけません」（14節）

このすばらしい実例を、私たちはダビデ王の言動に見いだします。ダビデの命をしつこく狙ったサウルに対して、ダビデはいつも丁寧に応答しました。復讐をしようと思えばできた時でさえ謙遜に対応しました（Ⅰサムエル24、26章）。ダビデは、サウルのずる賢さに支配されてはいなかったのです。

主が挙げた最後の例は、あなたを侮辱する者のために祈ることです（28節）。これに関しては、私たちは誰よりも主イエスに最高の模範を見いだします。主イエスはご自分を十字架につけている人々のために祈りました。
「父よ。彼らをお赦しください。彼らは、何をしているのか自分でわからないのです」（ルカ23・34）
ローマ兵たちが主イエスを十字架にかけたのは無知からでした。主はそれを思い、彼らの哀れな状態のために祈られたのです。それは、モーセにも（民数記12・13）、ステパノにも（使徒7・60）見られた特徴です。

これは、すべてのクリスチャンの特徴であるべきなのです。侮辱されたその瞬間は、とても祈れないかもしれません。しかし、冷静になってよく考えるならば、無知から行っている相手の哀れな状況が明らかになるでしょう。そして、とりなしのために祈りの手を挙げるようになるのです。

以上が、主イエスが教えた、敵を愛する三つの具体例です。私たちは、自分の周囲の人々を敵と味方に二分してしまいやすい者です。ひょっとすると、教会の中においてさえ、兄弟姉妹を自分の敵と味方に二分して、それぞれに別々の対応をしているということはないでしょうか。主イエスは、そういう生き方をやめて「敵を愛しなさい」と言われます。それは、私たちがキリストの弟子であり、十字架によって神の深い愛を知らされているからです。それゆえに、私たちはすべての人のために祈ることができるようにされました。ですから私たちも、憎む者には善を、呪う者には祝福を、侮辱する者には祈りをもって応え、そのようにしてこの「敵への愛」の責任を果たしていきたいと思います。それは、生まれながらの私たちにとってとうてい不可能なことでした。しかし、その愛を与えるために主イエスは十字架にかかられました。ですから主に従って生きることからまず始め、この愛に到達したいと願わずにはいられません。

頬を打つ者

あなたの片方の頬を打つ者には、ほかの頬をも向けなさい。上着を奪い取る者には、下着も拒んではいけません。（29節）

これも非常に有名な聖書のことばです。多くの人は、人間の能力を超えた、とうてい守ることができない道徳の典型としてこの箇所を引用したりします。時には、聖書の行き過ぎた道徳をあざ笑うために用いられたりもします。

これも「敵を愛する」という原則の具体例として挙げられています。しかし、これまでの三つの例（敵に対して「善を行い」「祝福し」「祈る」）の続きとしてではなく、主イエスはここで少し強調点を変えています。なぜなら、殴られたときに相手にもう片方の頬を向けることは、相手に対する「愛」の表現とはいえないからです。

このことは、マタイの福音書と比較すると、もっと興味深いかもしれません。「『目には目で、歯には歯で』と言われたのを、あなたがたは聞いています。しかし、わたしはあなたがたに言います。悪い者に手向かってはいけません。あなたの右の頬を打つような者には、左の頬も向けなさい。あなたを告訴して下着を取ろうとする者には、上着もやりなさい。あなたに一ミリオン行けと強いるような者とは、いっしょに二ミリオン行きなさい。求める者には与え、借りようとする者は断らないようにしなさい」（５・38～42）

マタイの福音書では、29節と同じようなことが法廷での刑罰に関する文脈で語られています。「目には目で、歯には歯で」というのは「同害刑法」と呼ばれるもので、当時の人々は、犯罪によって受けた被害と同程度までの刑罰を科すことは認められていると考えていました。目を傷つけられたのなら、目を傷つけることまでは許容範囲であるとしたのです。それに対して、主イエスはそれを否定しました。というより、この法律がもっている精神を最大限に活用したといえるでしょう。これは、どこまで刑罰を与えることが許されるか、あくまで刑罰の最大値の限界を示しているにすぎません。ですから犯罪者に対して、いつも必ずしも刑罰を最大値にまで科する必要は全然ないのです。最大許容範囲にまで罰を広げず、その手前でやめておくことも当然考慮されるべきです。犯罪を犯すに至る理由や状況はさまざまなので、最大限の刑罰がいつも必要なはずはありません。

これがマタイの扱い方です。当然刑罰を受けるべき相手に対して愛をもって応え、承認される刑罰を差し控える。そういう文脈でマタイは語っています。

一方、ルカが同じことに言及していても、マタイとは文脈が違います。ルカは「敵を愛する」文脈で語っています。しかも、すでに確認したように、それまでの27節や28節の場合とはだいぶ違う視点があるように思います。では、ルカは何を伝えようとしているのでしょう。それは、他の人に対して示すべき愛のことではなく、むしろ、そのような事態に直面したとき、私たちクリスチャンがとるべき態度を教えているといえます。つまり、これはクリスチャンの行動原理を語っているのです。

社会的ルールではない

もう一つのことも確認しておきたいと思います。それは、主イエスはここですべての人々が守るべき社会的なルールを教えられたのではないということです。もしすべての人がこのようなルールを守り始めたらどうなるでしょうか。暴力に誰も抗しないことになれば、暴力が社会を支配し、どろぼうだけが得をするような社会が出現します。警察、裁判もいりません。とにかく先に殴ったほうが勝ち、殴られた人は無抵抗で仕返しをしない。先に盗んだほうが勝ち、盗まれた人は一方的に損をする。そんな社会となってしまいます。しかし、主イエスは社会の秩序としてこのことを教えているのではありません。社会的暴力を放置して無抵抗でいなさい、ということでもありません。

そのことをいちばんよく示しているのは、ヨハネの福音書18章にある主イエスの態度です。主イエスが捕らえられ、大祭司の前で裁判を受けた時、役人の一人が、正当な理由もないのに平手でイエスを打ちました。主イエスはそのときどうしたでしょうか。主はもう片方の頬を向けることはしませんでした。逆に抗議しています（22～23節）。それは、役人が不当にも殴ったからです。この場合、役人の不正を指摘することは、役人に対する義務でした。社会的なルールが破られるとき、それを抗議すべきでしょう。クリスチャンもそうすべきです。社会的な暴力を放置したり、暴力を容認したりするということは、主イエスの意図したことでは決してありませんでした。

主イエスは、ここでもやはり、純粋にキリスト者が、個人的に受ける被害のことを想定していると考えるべきです。個人的に信仰ゆえに侮辱され、頬を殴られたとき、そのような場合には、復讐するのではなく、隣人愛を働かせるべきなのです。

パウロがローマ人への手紙12章18節で語った原則を思い出しましょう。「あなたがたは、自分に関する限り、すべての人と平和を保ちなさい。愛する人たち。自分で復讐してはいけません。神の怒りに任せなさい」。ポイントは「自分に関する限り」です。これは、主イエスが教えたことのパウロ的表現です。

判断が困難な場合

このような区別は、時として難しいことがあります。しばらく前のことですが、牧師仲間が、ある日、求道中の方からエアガンで撃たれたという事件が発生しました。弾丸は眼鏡のレンズを貫通し、危うく失明するところでした。私は警察に届けるように勧めましたが、その牧師は、求道者だからということで個人の問題として収めたのです。求道者の救いを考えれば牧師としてそのように対処することは理解できます。でも私は、やはり警察に届けるべきではなかったかと思っています。それはやはり社会正義の問題ではないでしょうか。でも、立場によって判断が分かれるのはしかたないかもしれません。

逆に、個人的なことがらとして扱うべきなのに自分のうちに収めることができないで、関係を破壊してしまうこともあります。教会の人間関係にもそういうことがあると思います。主イエスは、純粋に個人的なことであれば、右の頬を打たれた場合でも、真実な愛を失ってはならないと教えられました。いつも、相手にとっての最善は何かという観点から考えて相手に対処しなければならないからです。これがここでいわれた行動の原則です。

それであっても、なお次の疑問は残ります。なぜもう片方の頬を向けなければならないのかという疑問です。残念ながら、このことについてほとんど論じられてきませんでした。復讐してはいけないということはわかっても、なぜもう片方を向ける必要があるのか。敵を愛するにしても、なぜもう片方を差し出すのか、不明です。あるいは、これは実際に文字どおりに残りの頬を向けることを命じたというより、抵抗すべきではないこと、そして、なおも敵に対して愛を失ってはならないことを強調して表現したのかもしれません。

上着を奪い取る者

29節の後半にあるもう一つの実例は、「上着を奪い取る者には、下着も拒んではいけません」ということです。これは、マタイの場合と大いに違います。マタイでは裁判所で訴えられた状況が想定されています。

「あなたを告訴して下着を取ろうとする者には、上着もやりなさい」（５・40）

しかし、ルカのほうでは、むしろどろぼうに遭って奪われる場面が想定されています。つまり、奪う人は貧しく上着を買う余裕がなくてどろぼうをする場合です。そのような場合、下着も与えるようにと主は私たちに命じているのです。

言うまでもないことですが、主イエスはどろぼうを容認しているのではありません。これも社会的ルールとして提案されているのではありません。文字どおり「下着もあげる」ことを命じていると考える必要もないでしょう。この場合、主イエスが弟子たちに何を願っていたかは比較的明らかです。それは、クリスチャンの生き方の中に見られる基本的精神です。どろぼうに遭遇して上着を奪われ、そのとき「どうか下着も持っていってください」と文字どおり下着まで差し出すことを命じたのではなく、このような言い方によって、主イエスはクリスチャンが示すべき「気前のよさ」を語っているのです。

しかし、ここで命じられた生き方は、決して聖書にとって異質なものではありません。

それは旧約聖書の時代から一貫しているように思われます。たとえば箴言21章26節には、「正しい人は人に与えて惜しまない」とあります。詩篇37篇21節では、「悪者は、借りるが返さない。正しい者は、情け深くて人に施す」とあります。新約聖書ではコリント人への手紙第二9章9節に、「この人は散らして、貧しい人々に与えた。その義は永遠にとどまる」と書いてあるとおりです。クリスチャンの生き方には、このような何か「気前のよさ」というのが一つの特徴であるようです。それは個人的レベルだけではなく、教会の会計のようなケースにも当てはまるように思います。主イエスの表現は、やや極端な言い方かもしれませんが、ここに明らかにされた精神を決して無視しないようにしたいものです。

黄金律

すべて求める者には与えなさい。奪い取る者からは取り戻してはいけません。自分にしてもらいたいと望むとおり、人にもそのようにしなさい。（30～31節）

これまで「頰を打つ者」と「上着を奪い取る者」の二例を挙げて論じてきましたが、主イエスは、このことを30節で一般化した表現でまとめています。これまで少し誇張して語ってきましたが、ここにきてその真意が直接的に明らかにされます。それは要するに、求める者には与え拒まないという原則です。たとえ自分が損をしても、自分の利益が失われても、相手がどのような仕打ちに出ようとも、相手の最善を願うことをやめてはならない、相手の幸福のために、相手の最善のために配慮して生きる、ということです。

このようにこれまでのことをまとめ上げたあと、主イエスは、最終的な、完璧なルールを定めました。27節の「あなたの敵を愛しなさい」という命令以降、ここまで語られてきたすべては、この一つのルールに要約することができます。それは「自分にしてもらいたいと望むとおり、人にもそのようにしなさい」（31節）ということです。マタイの福音書では、７章12節に出てきます。

「それで、何事でも、自分にしてもらいたいことは、ほかの人にもそのようにしなさい」

ただマタイは、そのあとでこう付け加えました。「これが律法であり預言者です」。この一言が、律法全体と預言者全体の要約であるというのです。つまりこれが旧約聖書全体が語っていることの完璧な要約であり、モーセの十戒のすべてなのです。そのため、このルールは昔から「黄金律」と呼ばれてきました。

このルールは、あなたが人に対して——それが自分の兄弟であれ、隣人であれ、敵であれ——その人にどのようにふるまったらよいかわからないとき、私たちがどのように考えたらよいかということに関して、非常に具体的で実際的なルールです。そのようなとき、私たちは、「ああしてあげよう、こうしてあげよう」と自分の親切を押しつけるようなことをしてはならないのです。まず立ち止まってこう考えるべきです。「はたして自分であったら、この場合、どうしてもらいたいか」。それから自分が本当にしてもらいたいことを見いだす。その次に、それが相手にとっても最善であるかどうかを考えます。そして、それが最善であれば、そのとき、それを行うことです。

自分がしてあげたいからするのではありません。自分ができるからするのでもありません。自分がしてほしいことなのか、まず相手の身になって十分に考えることです。そして、そこから出てくる結論に従うことです。ですから、おせっかいな人は注意が必要です。おせっかいな人は、しばしば相手にとってよいことだと確信して、それを疑うことを知らないで行動しています。そのため、実は相手にとって迷惑であることに気がつかないということがあるのです。私たちがするべきことは、立ち止まって、「自分は本当にそのようにしてもらいたいかどうか」と考えることです。まず、自分からスタートする。それがこのルールの原則です。

黄金律の積極性

「黄金律」という呼び方は、今日、教会ではあまり使われなくなりました。しかし『広辞苑』（第六版）を開いてみますと、そこには、「キリスト教倫理の原理」とあって、ちゃんとマタイの福音書7章12節が引用されています。確かに「黄金」と呼ばれるにふさわしいルールです。この黄金律、あるいは黄金のルールは、ある意味で新しいルールではありません。つまり、否定的な言い方ならば、私たちはよく言ってきました。「自分がやられて嫌なことは、人にもするんじゃない」と親は子どもに諭します。旧約聖書外典には、「自分が嫌なことは、ほかの誰にもしてはならない」（トビト４・５）とありますし、さらには「論語」にも「おのれの欲せざる所は人に施すなかれ」とあります。ですからこのルールはかなり普遍的なものです。

ただ主イエスは、そのような常識的な言い方を、少し変えました。それまでは否定命令でしたが、積極的肯定的な命令に変えています。そうすることで、これはまったく違った重要性をもつことになったのです。「…するな」と言うだけならば、それは単なる人間の分別でしかありません。しかし、それを「…しなさい」という積極的な命令に変えたとき、これは、まったく新しい意味をもつことになったのです。つまり、主イエスにとって愛というのは、「何かをしないこと」にあるのではなく、「何かをすること」にあるのです。

クリスチャンであれば、一日を振り返って、「私は今日、何か悪いことをしなかったか」

「罪を犯さなかったかどうか」と、自分を吟味し、反省することはよくあります。そして、罪に気がつき、告白します。それが私たちの日ごとの営みであるべきです。しかし、自分がなすべきであったことをしなかったことで、罪を告白することはしないのではないでしょうか。しかし、主イエスは、「…しなさい」と命じています。なすべき正しいことを知りながらそれを行わないのは、やはり罪なのです。

私たちも、この黄金律に従って、自分の人間関係を再吟味すべきです。それは、「しなさい」ということをどこまでしているのかという吟味です。配偶者に対してはどうだろうか。自分にしてもらいたいと望むとおりに、相手にしてあげているだろうか。自分の子どもや親に対してはどうだろうか。教会の中の人間関係についてはどうだろうか。

この黄金のルールを、絵に描いたもちとしてではなく、私たちの行動を考えるための生きたルールとして活用していきたい。私たちの「行動の基本原理」にしたい。そこまでキリスト者としての生き方を高めていきたいと思います。

第2節　御父のように（ルカ6・32〜36）

第二節では32節から36節までを考えます。全体のテーマは「あなたの敵を愛しなさい」ですが、ここではそのテーマを発展させ、最後には、なぜ敵を愛さなければならないのか、そのような人間的にはまったく不可能と思えるような愛を、私たちが追求しなければならない理由が明らかにされます。

三つの課題

自分を愛する者を愛したからといって、あなたがたに何の良いところがあるでしょう。罪人たちでさえ、自分を愛する者を愛しています。自分に良いことをしてくれる者に良いことをしたからといって、あなたがたに何の良いところがあるでしょう。罪人たちでさえ、同じことをしています。返してもらうつもりで人に貸してやったからといって、あなたがたに何の良いところがあるでしょう。貸した分を取り返すつもりなら、罪人たちでさえ、罪人たちに貸しています。（32～34節）

これまで「敵を愛しなさい」という命令でしたが、ここでは「自分を愛する者を愛する」という問題から出発して私たちの愛の弱点を厳しく描き出しています。

私たちの愛の特徴は、自分を愛してくれる者を愛することです。そのよい例は夫婦愛でしょう。夫婦愛がいつもそれだけだとはいえませんが、私たちが自分の妻や夫を愛するのは、相手が自分を愛していることを知っているからです。それは、兄弟関係においても友人関係においても、同じことがいえるでしょう。相手が自分を愛してくれる場合には、私たちはその相手に愛を覚える。味方を愛することは自然であり、容易なことであり、当然のことです。それは、相手が敵ではなく味方だからです。

なぜ味方を愛することは簡単なのでしょうか。言うまでもなく、そこには自己犠牲が伴わないからです。多くの場合、どこかで計算がちゃんと合う愛、損のない愛、自分の利益と矛盾しない愛です。それは聖書がいう本当の意味での愛ではありません。誤解しないでいただきたいのは、自分を愛してくれる人、自分の味方である人、自分の仲間や自分の妻や夫を愛することが悪いと言っているのではありません。主イエスもそれを否定していません。私たちは当然そうあるべきです。それでは何が問題なのでしょうか。問題の所在は、そういう愛であれば、罪人でも同じことをしているということです。つまり罪人と同じレベルの愛でしかないということです。罪人であっても自分の妻や夫を愛します。そこが問題なのです。

主イエスは、続いて同じように語ります。

「自分に良いことをしてくれる者に良いことをしたからといって、あなたがたに何の良いところがあるでしょう。罪人たちでさえ、同じことをしています」（33節）

主が挙げた二番目の例は、私たちの善行についてです。私たちは、誰に対してよいことをするでしょうか。もっぱら自分によいことをしてくれる者にだけ、よいことをする傾向があります。マタイの山上の説教では、これは挨拶の問題として論じられています。

「自分の兄弟にだけあいさつしたからといって、どれだけまさったことをしたのでしょう。異邦人でも同じことをするではありませんか」（５・47）

まさにそのとおりです。挨拶も本質的に同じ問題をもっています。私は山歩きを趣味としていますが、山では見知らぬ人とすれ違うとき、なぜか「こんにちは」と挨拶をします。しかし、こちらが挨拶をしても、時々無視する人がいます。こちらが挨拶するのに挨拶が返ってこないで無視されるというのは、カチンとくるものです。残念なことに同様のことが教会でも起きます。明らかに特定の人と挨拶を避けようとする人がいます。牧師は通常、礼拝が終わると、帰宅する方々と挨拶したいと願って玄関に立ちますが、できるだけ牧師と視線が合わないようにして帰宅する人もいます。私たちは、教会の中で特定の兄弟姉妹との挨拶を避けているというようなことはないでしょうか。あの人とは視線を合わせないいようにしているということはないでしょうか。しかし、敵に対してさえ挨拶することがクリスチャンのあり方なのです。

挨拶でさえそうですから、善行となれば話はもっと複雑です。そこには損得勘定が入ってくるからです。私たちが相手によいことをしてあげるとき、いつの間にか相手が自分にもよいことをしてくれることをどこかで予期しています。そういう期待をもっています。まったくそういう結果が期待できないということが初めから明らかな場合、私たちは善行を控えるでしょう。見返りを計算したうえで、採算が合うとき、私たちは善行をします。しかし、善行がそういうものであれば、結局は自分のためによいことをしているだけです。

では、自分によいことをしてくれる者によいことをするのは、いけないことなのか。もちろんそんなことはありません。主イエスによれば、問題は、罪人たちでさえしていることにすぎない、その程度のことでしかないということなのです。

主イエスは同じ言い方で、今度は貸すことについて論じました。

「返してもらうつもりで人に貸してやったからといって、あなたがたに何の良いところがあるでしょう。貸した分を取り返すつもりなら、罪人たちでさえ、罪人たちに貸しています」（34節）

もう同様のことを詳しく語る必要はないでしょう。人に貸すときでも同じことがいえます。戻ってくることを前提に貸します。戻らないとわかっていれば貸さないでしょう。では、返してもらうつもりで貸してはいけないのでしょうか。もちろんそうではありません。それを主イエスは悪いことだと言ってはいません。それは当然のこと、普通のことです。主イエスの言い方を借りるなら、「罪人でも」やっていることです。そして、それが問題なのです。罪人と同じレベルで生きているということが問題なのです。

罪人との比較

今や、三つの具体例から主イエスの言わんとしたことは明瞭です。主イエスが言いたいのは、キリストの弟子であろうとするならば、罪人と同じ程度の生き方をしていたのではだめだということです。愛の問題としていうならば、私たちの愛が一般の人々と同じレベルの愛であってはだめだと言いたいのです。それらは「罪人でさえ」していることだからです。やくざと呼ばれる人々も、仲間に対しては、けっこうお互い親切にするようです。彼らは彼らなりの連帯感をもっています。そこには一種の愛があり、自分を愛する者は愛する、自分によいことをしてくれる人にはよいことをする。返してもらうつもりならば貸すこともするのです。互いに助け合っています。しかし、イエスの弟子である者は、クリスチャンである者は、そうであってはならない。彼らと同じレベルでとどまっていてはならない。彼らに勝る愛をもたなければならない、と言っているのです。愛に関して、私たちはこの世の人々と違っているべきであり、違っているはずです。これが、罪人との比較の中で主イエスが主張したいことなのです。

主のこのような呼びかけに応じて、私たちは自らに問いかけなければならないでしょう。自分の愛を反省し、自己吟味をしなければならないでしょう。はたして、私たちの中に

「罪人が行う以上の愛」があるでしょうか。そのような愛を行ってきただろうか。主イエスがここで主張する愛とは、要するに「自己犠牲」にほかなりません。自分への見返りを計算しないで、他の人のために純粋に自分を犠牲にすることです。損をするとわかっていても、なお貸すことです。この世の人から、「そんなことは理解できない」「そんなお人よしではだめだ」「ばかげている」、そのように思われるような要素があること、それがクリスチャンの愛です。

何の良いところが

それだけではありません。ここで、主イエスが三回繰り返した問いかけがもう一つあります。それにも注意を払うべきです。それは「何の良いところがあるでしょう」ということばです。32節で「自分を愛する者を愛したからといって、あなたがたに何の良いところがあるでしょう」、33節でも「自分に良いことをしてくれる者に良いことをしたからといって、あなたがたに何の良いところがあるでしょう」、そして34節でもまったく同じように繰り返しています。ポイントは、「何の良いことがあるのか」ということです。これはどういう意味でしょうか。

この言い方は、マタイの山上の説教と比較することで意味がはっきりしてきます。

「自分を愛してくれる者を愛したからといって、何の報いが受けられるでしょう」（5・46）

マタイの言い方は、もっとわかりやすく「何の報いが受けられるでしょう」となっています。答えはもちろん「受けられない」です。自分を愛してくれる者を愛しても、その程度の愛では、神からの報いは受けられないのです。最後の審判の時、それは神から報酬を頂くほどの行いではない。罪人でも行っているからです。これがマタイの言い方です。

ルカは少し違って「何の良いところがあるでしょう」と言っています。このことでルカは本当は何が言いたかったのか、少し考えさせられます。というのは、「良いこと」というのは、「恵み（カリス）」ということばが使われているからです。ルカは、「あなたにどんな恵みが神からあるのか」と語っています。単に将来の報いを問題にしているのではなく、もっと広い意味で、味方を愛する愛では神からの恵みを受けられない、神に喜ばれてはいない、神は満足していないということを言っています。ではどうすればよいのでしょうか。このあとの主イエスの答えは明快です。

敵を愛しなさい

ただ、自分の敵を愛しなさい。彼らによくしてやり、返してもらうことを考えずに貸しなさい。そうすれば、あなたがたの受ける報いはすばらしく、あなたがたは、いと高き方の子どもになれます。なぜなら、いと高き方は、恩知らずの悪人にも、あわれみ深いからです。あなたがたの天の父があわれみ深いように、あなたがたも、あわれみ深くしなさい。（35〜36節）

主イエスは、これまでの議論をここでまとめています。否定的に語ってきた三つのケースを、そのまま繰り返してこう言っています。あなたの敵に、返してもらうことを考えずに貸しなさい。ただ、あなたの敵を愛しなさい。そのとき、神の恵みがある。それが、クリスチャンにふさわしい、クリスチャンの愛の姿である。このような愛を罪人は決してもつことはありません。しかし、敵を愛することで、私たちは初めて罪人以上の者となったのです。そして「神から恵みを頂く」ことができる状態になったのです。

「敵を愛する」とは、言うは易しですが、これはまことに重い課題です。互助の精神ではなく自己犠牲の精神こそ、主が教えた愛でした。私たちの中に、このような愛がどれだけあるのか。私たちの歩みの中に、どれだけ「犠牲」と呼べるような行いがあるのか。これは個人の課題というだけではありません。教会全体のあり方にとっても大きな課題です。教会の中でも、気に入った者どうしが仲良くなり、内輪で固まってしまう傾向があります。それ自体は悪いことではないはずですが、それは罪人でさえ行っているレベルのことです。残念なのは、教会の交わりがいつの間にかこの無償の愛を失ってしまい、やがて自分たちに居心地のよい場所をつくり始めてしまうことです。しかし、主の命じたことは、敵を愛し、受け入れなさいということでした。そうでなければ教会も、他の人間的サークルと同じでしかないのです。教会の問題でずっと不思議に思っていたのは、教会が開拓されるとある程度までは成長しても、しばらくすると成長が止まってしまうケースが多いことです。地方ですと、多くは二十人前後で一つのまとまりができあがり、いつの間にか外から人が加わりにくい状況を生み出しているように思われます。都会ではこの人数はもう少し大きいように思いますが、同様の現象が起きます。なぜなのか理由は定かではありませんが、福音によって私たちの愛が根底から変化しないと難しいのかもしれません。

なぜ敵を愛するのか

敵をも愛するように命じられるとき、私たちは、「なぜそこまで愛さなければならないのか」と尋ねたくなります。敵とは本来戦うべき相手、憎むべき存在ですが、そうすることを許さずに愛するように命じるのは、何か特別な理由があるのでしょうか。主イエスは、最後にその理由を明らかにしています。

この課題をめぐって、主イエスは三つの理由を挙げられました。最初の理由は報いです。「そうすれば、あなたがたの受ける報いはすばらしく、あなたがたは、いと高き方の子どもになれます」（35節）

あなたがたが天国で受ける報いはすばらしいということです。しかし、天国で報いを受けるという考え方をあまり好まない方々がいます。クリスチャンを批判するときの常套句に、「クリスチャンは、天国での『報い』を求めて生きているのだから御利益宗教と同じだ」というのがあります。なるほど、この世の人々にとっては確かにそう見える面があることを認めます。私たちはそのような言い方をされて、あまりよい感じがしません。思わず反発して、「そんなことはない」と心の中で思うでしょう。現にそうではないからです。このみことばの意味することから言っても、私たちは報酬を求めて生きているわけではありません。報いはあくまで結果としてついてくるものだと語られています。「そうすれば」

という接続詞は、「結果」を指し示しています。決して報酬が「目的」ではありません。主イエスは、天での報いを受けるために、地上では忍耐して敵を愛しなさいと教えてはいません。天での報いは私たちが敵を愛する動機ではなく、結果としてついてくることです。

しかし、私たちは、このことも考えておかなければならないでしょう。それは、聖書の中で繰り返し、天における報いが語られているという事実です。私たちは、そのこととどう向き合うべきでしょうか。たとえば、主イエスは山上の説教でもこう言いました。

「人に見せるために人前で善行をしないように気をつけなさい。そうでないと、天におられるあなたがたの父から、報いが受けられません」（マタイ６・１）

あるいはその後の18節でも、「断食していることが、人には見られないで、隠れた所におられるあなたの父に見られるためです。そうすれば、隠れた所で見ておられるあなたの父が報いてくださいます」と述べています。

主イエスは、私たちの行いに関連して、天で報いがあることを語り続けました。さらに、ミナのたとえでも、タラントのたとえでも、最後には、神からゆだねられた能力をどこまで神のために忠実に使ったかということが問われます（ルカ19・12〜27、マタイ25・14〜30）。「その日」、最終的な清算が行われて、私たちが天国において受け取るべき報いが決まります。この地上でいかに生きたかということが私たちの永遠の状態に深く関係することを、主イエスは語り続けました。ですから、天の報いに対して私たちが関心をもって生きることは、主イエスの教えの一部です。天での報いがあることによって、私たちは、一層忠実に、望みを抱いて地上の生涯を歩むことができるのです。

神のさばき

報いが問題とされるのは、根本的には、神が正義と公正の神だからです。詩篇58篇11節にこう言われています。

「まことに、正しい者には報いがある。まことに、さばく神が、地におられる」

そうです。さばく神、正義と公正の神がおられるのです。ですから報いは必然なのです。報いとは、人間が期待しようがしまいが、最終的には神の正義の問題です。神のさばきの結果の問題です。

主イエスは、その報いを決めるため、さばきの日がくることを繰り返し警告しました。ヨハネの黙示録22章12節では、「見よ。わたしはすぐに来る。わたしはそれぞれのしわざに応じて報いるために、わたしの報いを携えて来る」と約束しています。使徒パウロも、「私たちはみな、キリストのさばきの座に現れて、善であれ悪であれ、各自その肉体にあってした行為に応じて報いを受けることになる」（Ⅱコリント5・10）と語りました。

聖書がここまで明らかに語っていることに、私たちは無関心でいるべきではないでしょう。天での報いは、私たちが敵を愛することの動機ではないけれども、私たちが自分を犠牲にして敵を愛するとき、そこから受ける報酬に関心をもつのは正当なことです。神が与えると約束しているものを受け取らないことこそ傲慢です。

報いに関連して、もう一つの観察を付け加えたいと思います。世の人は、天での報いを求めて善行を行うことは御利益宗教の一種と言うかもしれません。しかし、私たちが受けようとしている報いとは、この世の人々が欲しいとは決して願わない類のものです。それは、救いを受けた人々だけが関心をもつ報酬です。「心のきよい者は幸いです。その人たちは神を見るから」（マタイ5・8）とありますが、そのようなことを一般の人は願いません。神を信じず、神のために生きることを拒み、自己満足を追求した人々にとって、御国において「神を見る」というようなことは、ぞっとするようなことでしかないでしょう。しかし、私たちにとって、それこそが最終的な報いなのです。

いと高き方の子

「敵を愛する」ことに関して、最初の理由は「報い」でしたが、二番目に主イエスが語られた理由に移りましょう。それは最初の理由と同じく35節にあります。

「あなたがたは、いと高き方の子どもになれます」

ここで、もう一歩、私たちが敵を愛する真の理由に近づいたといえるでしょう。ここでも文頭に「そうすれば」と付け加えることができます。「そうすれば、いと高き方の子どもになれます」と主イエスは言われました。これが二番目の理由です。

しかし、これは少し誤解を与えるおそれのあることばです。「あなたがたは、いと高き方の子どもになれます」と言うと、敵を愛することによって、私たちが神の子どもに「なる（変化する）」と言っているように聞こえます。そうすると、「救いは敵を愛することによってもたらされる。だから、もっと一生懸命、敵を愛さなければならない」と考えてしまいます。しかし、主の真意はそうではありません。「なれる」は誤解を与える訳です。むしろ主イエスの真意は「神の子である」ということです。つまり、敵を愛することによって、あなたが神の子であることが明らかになるという意味です。敵を愛することで、クリスチャンであることが立証されるということです。

そのようなことが本当にあるでしょうか。その理由は、その次に書いてあります。

「なぜなら、いと高き方は、恩知らずの悪人にも、あわれみ深いからです」（35節）

神は、敵に対してもあわれみ深い。神は敵を愛するお方です。神は、恩知らずの悪人に対してもあわれみ深いお方です。そこで、私たちが敵をも愛するとき、そのような神のあわれみ深い性質を私たちももっていることを示すことになります。私たちも神と似た性質をもった者となっているので、神の子であるのです。

その背後にある考えは、親と子はよく似ているという前提です。親と子とは、しばしば誰の目にも明らかなほど似ています。親と似ていることで、子どもは自分が誰の子どもかを明らかにしています。それと同じように、私たちが敵を愛するとき、その行為が神のあわれみ深さと似ているので、私たちは神の子どもとなるのです。そう見なされるのです。神しかもっていない特徴を私たちが示すならば、そのことによって、私たちが神の子であることは明らかです。神は愛において完全であるので、私たちも愛において完全であるとき、私たちは神の子どもであることが明らかになるのです。これが、私たちが敵を愛する理由です。私たちは、神に似ている神の子だからです。それは私たちが神の御救《みすく》いにあずかっているからです。

神のあわれみ

敵を愛することに関しての最後の理由が36節にあります。「あなたがたの天の父があわれみ深いように、あなたがたも、あわれみ深くしなさい」

神の最も著しい特徴は「あわれみ深い」ことです。そうでなかったら、私たちは罪のゆえにとうの昔に滅ぼされていたでしょう。今、私たちが生きているのは、神があわれみ深いお方だからにほかなりません。「天の父は、悪い人にも良い人にも太陽を上らせ、正しい人にも正しくない人にも雨を降らせてくださる」（マタイ５・45）のです。神のあわれみ深さは、イスラエルの歴史において繰り返し示されてきました。神があわれみ深いお方であって、私たちの罪を見逃してこられたので、私たちは生き残っているにすぎません。あわれみ深いということが神の根本的ご性質です。使徒ヨハネも、「神は愛です」（Ⅰヨハネ４・16）と言いました。ここにこそ私たちが目指すべき行動の基準があります。私たちも、神を信じる者として、神の子として、父なる神のようでなければならないのです。父のようであることが、私たちのあるべき姿です。なぜなら私たちは神のかたちに造られているからです。私たちが人を愛し、自分を犠牲にして敵さえ愛するのは、私たちがそのような神を知っているからです。神の子として、私たちは当然、御父に似ているべきだからです。

なぜ私たちは敵を愛するのか。なぜよい行いをするのか。その真の理由はすべてここにあります。私たちは救われて神の子とされ、神の子として御父と似ていることを願い、それを求めているからです。

「あなたがたの神、主であるわたしが聖であるから、あなたがたも聖なる者とならなければならない」（レビ記19・2）とあるのと同様に、「あなたがたの神、主であるわたしがあわれみ深いので、あなたがたもあわれみ深い者でなければならない」ということです。ここに敵を愛することの決定的な理由があります。

私たちの父なる神が無限にあわれみ深いという事実は、私たちに敵を愛することを要求します。私たちの愛は、人との比較で決められてはならないし、人と同じレベルにとどまっていてはならないのです。神を見上げ、神との関係で決められなければなりません。何より、私たちには、天に御父がいます。そのお方がどのような方なのかということが、私たちの行いの基準であり、動機でなければなりません。つまり、キリスト者の究極的あり方は、どれがより神に近いあり方なのか、それを知り、それを目指すことです。他の人がどのように生きているかではない。他のクリスチャンがどのように生きているかということでさえない。これらにとらわれると、私たちは行動の自由を失ってしまいます。最良の生き方は、主イエス・キリストならばこのときどのように考えたか、どのように行動したか、何が神に喜ばれることなのか、それだけを模範に行動することです。詩篇37篇３節で、ダビデは「主に信頼して善を行え」と語りました。それは善を行うことの根底には主への信頼が不可欠であることを教えているのです。主を信頼するので、ほかの人がどうであろうと善を行うことができるのです。

はたして私たちの中には、罪人にはない、神との類似点があるでしょうか。その最も顕著な表れが「あなたの敵を愛することだ」と主は言われます。主イエスの十字架の救いを知り、神の子とされた者には「私にはそんなことは不可能です」という態度はもはやとれないのです。なぜなら、私たちは自分の自我を十字架につけて、キリストと結びついて、キリストが私たちのうちに生きていることを知っているからです。

「私はキリストとともに十字架につけられました。もはや私が生きているのではなく、キリストが私のうちに生きておられるのです」（ガラテヤ2・20）

私たちには、与えられた聖霊によって神の愛が注がれています。ですから「そんなことは不可能だ」という態度を捨てて、聖霊に押し出されて、神の子として、「あなたの敵を愛しなさい」というこのみことばに向かって歩みだしていきたい。私たちは神に似た者とされたのですから。

「それゆえ、神に選ばれた者、聖なる、愛されている者として、あなたがたは深い同情心、慈愛、謙遜、柔和、寛容を身に着けなさい」（コロサイ3・12）

第3節　さばいてはいけません（ルカ6・37〜38）

第二章は「敵を愛しなさい」のテーマのもとで、三つの課題を取り上げています。最初は黄金律、二番目は敵を愛すること、最後は、これから考える「さばいてはいけません」です。したがって、ここから新しいテーマが始まるわけではなく、「敵を愛しなさい」という全体のテーマの中で37、38節を考えたいと思います。

最初に、直前の36節のもっている重要性を思い出してください。そこで語られた大原則は、それまでのまとめであると同時に、今後への橋渡しをしていました。36節で主イエスは、こう言われました。

「あなたがたの天の父があわれみ深いように、あなたがたも、あわれみ深くしなさい」

これが、クリスチャンが敵を愛すべき理由であると学びました。クリスチャンの行為の規範は「神がどのようなお方か」ということです。父があわれみ深いのであれば、当然、クリスチャンもあわれみ深くなければならないのです。ここに、敵をも愛するという教えの基礎が据えられています。そればかりか、すべての道徳行為の基礎が据えられているのです。そしてまた、これから考えようとすることの根底にもあることです。

これから考えるのは、一言で表現するならば、「人をさばくことのない寛大さ、気前のよさ」ということになるでしょう。これは、「あわれみ深くしなさい」ということと密接に結びついた二つの事例です。あわれみ深い人が人に向かうとき、その人は「さばく人」にはならないで、むしろ「赦す人」になるでしょう。ですから、36節をその前よりもその後に続く37、38節と関連させて考える人も多くいます。この36節は、そのようにその前とその後との接点となっています。ですから、「天の父があわれみ深い」ということばを覚えながら、その続きを学んでいきたいと思います。

「さばき」についての誤解

さばいてはいけません。そうすれば、自分もさばかれません。人を罪に定めてはいけません。そうすれば、自分も罪に定められません。赦しなさい。そうすれば、自分も赦されます。与えなさい。そうすれば、自分も与えられます。（37～38節前半）

見てのとおり、主イエスはここで四つの命令を連続して語りました。最初の二つは否定の命令文、つまり禁止です。「さばいてはいけない」「罪に定めてはいけない」。後半は積極的に、さらに二つの行動を命じています。「赦しなさい」「与えなさい」。この合計四つの命令文を、主イエスは、私たちの人に対するあるべき態度、クリスチャンのあるべき精神であると教えているのです。

最初は「さばいてはいけない」です。これが、私たちの人に対する基本的態度です。しかし、このことばは私たちの間でずいぶん誤用されてきたように思います。誤解されやすい表現でもあります。ですから主イエスが「さばいてはいけない」と言われたその意味を、私たちは正しく理解する必要があります。

極端な人はこの表現に次のような理解をもち込みました。「主イエスは『さばいてはいけない』と言われた。だから、クリスチャンは裁判官になるべきではない」。そんなふうに考えたグループもありました。しかし、これは社会のルールとして語ったのではない、ということを忘れてはなりません。そのようなことを社会的ルールとして聖書が言うはずがありません。ある意味で、聖書にはさばきが満ちているからです。何より神ご自身がさばきの神です。聖書は明確に、最後の時に神によるさばきがあることを告げています。私たちは、みな神のさばきの座に服することになるのです。主イエスは、私たちをみな羊とやぎとに分けると明言されました（マタイ25・31〜46）。ですから、さばき自体を主イエスがここで禁じているということはありえないことです。ここで「さばく」と言われているのは、ある種の、どこか間違った類のさばきのことです。

同じように、もう一つの誤解についても注意しておきましょう。それは、ある問題について自分なりの主張をもち、一つの判断を下すことを否定しているのではないということです。なぜそのようなことをあえて言う必要があるのかといぶかる方もいるでしょう。それは、あらゆる批判的言辞を否定するような風潮が教会を覆っているからです。人々は通常、教会に癒やしや平安を求めてやってきます。そこで教会はいつも居心地のよい場所でなければならず、そのためには、教会は何でも許容される空間になりつつあります。どんな賛美でもよい。どんな説教でもよい。教理でさえ誤ったことが黙認されることがある。罪やさばきなどの否定的なテーマを好まない。すべてにおいて白黒をはっきりさせない傾向がある。注意すると、すぐ「傷ついた」と言い始める。「そんな批判ばかりしていてはだめだ、さばいてはいけないと聖書に書いてある」と言って批判的言辞を押さえ込んでしまう傾向があります。しかし、聖書が明確に教えていることは、教会はいつも正しい判断を主張し続けなければならないということです。そうでなければ、教会はいつの間にか教会ではなくなってしまうでしょう。教会の歴史は、いつも正しいことと間違ったことを識別する戦いの歴史でした。

このことに関連して、教会の「戒規」についても言及しておきます。教会には戒規があります。これは宗教改革の時、宗教改革者たちが教会のしるしとして強調したことでした。もちろん、その根拠はパウロがコリント人への手紙の中で教えたこと、あるいは主イエスがマタイの福音書18章で教えたことに基づいています。しかし今日、戒規は教会の中でほとんど機能していないように思われます。その背後にあるのは、主の教会としてなすべき正しい判断をしないで、何でも寛容に受け入れようとする現代の教会の風潮ではないかと思っています。しかし、もう一度言いますが、主が「さばいてはいけない」と言った時、決してそのような「正しいさばき」を否定したわけではありません。私たちは、絶えずみことばに基づいて、何が正しいのかを判断していかなければならないのです。主イエスは、ルカの福音書12章57節でこう言いました。「なぜ自分から進んで、何が正しいかを判断しないのですか」。文字どおり訳すなら、「なぜ何が正しいのかというさばきを行わないのか」ということで、字面だけを見るならば、「さばいてはいけない」と正反対のことを語ったことになります。ですから、主イエスが禁じたのは、ある種の誤ったさばきについてであって、すべてのさばきを禁じてはいないのです。

「さばき」の真意

では、主イエスが禁じたさばきとは、どのようなものでしょうか。

ここで「さばき」と訳されたことばは、実は広い意味をもっています。ある問題についていろいろと考えた末、一つの結論に到達して決断を下す行為全体を「さばく」と呼んでいます。たとえばパウロは、「私は、あなたがたの間で、イエス・キリスト、すなわち十字架につけられた方のほかは、何も知らないことに決心したからです」（Ⅰコリント２・

2）と言っていますが、「決心しました」と訳されたのは、この「さばく」ということばです。いろいろ考えた結果、そういう結論に到達したという意味です。ですから主イエスは、あることがらに関して一つの意見をもつこと、一つの結論に到達してそれを表明することを禁じてはいません。また私たちがするように、他の人について真剣な意図をもって考え、評価することを否定しているのでもありません。さばくこと自体は、よいも悪いもない中立的な行為です。問題は、その結論に到達する動機と過程にあるのです。その過程が悪ければ悪いさばきになるし、よければ、よいさばきになります。

では、「悪いさばき」とはどのようなものでしょうか。それは、その過程において性急で軽率だったり、判断において不公平だったり、偏見に基づいて判断が下されるような場合です。同時に、自分は他の人よりも優れていて、いつも人よりよい判断をすることができるという自信と優越感から生まれてくるような判断です。そのような人は、一つの特徴をもっています。それは、人のあら探しをして、口うるさく、常に批判的態度をとることです。人に対するそのような「さばきの態度」を主はここで禁じているのです。それは一種の病的な精神構造です。「さばいてはならない」と命じられた時、主は、いつも批判的で非難しやすい性癖を改めるように命じたのです。なぜなら、そのような行為は、人に対する思いやりも、あわれみもないからです。あわれみ深いこととの正反対です。このことは、そのあとで主イエスが例を挙げた人の精神構造によく似ています。

「兄弟の目にあるちりが見えながら、どうして自分の目にある梁《はり》には気がつかないのですか。自分の目にある梁が見えずに、どうして兄弟に、『兄弟。あなたの目のちりを取らせてください』と言えますか」（41～42節）

主イエスはこのような人々を「偽善者たち」と厳しく叱責しました。主が禁じたさばきとは、このような精神構造に基づくさばきです。

その後の三つの精神

主イエスがそのあと続けて語られたことは、みな同じ原則に立っています。少しずつ発展していきますが、根本は同じことです。まずさばいた後には、通常、「罪に定めること」がきます。人をさばいて結論に達したら、次に、その判断を外に表現することによって人を罪に定めるのです。マタイの福音書12章7節で、主イエスはこう言っています。

「『わたしはあわれみは好むが、いけにえは好まない』ということがどういう意味かを知っていたら、あなたがたは、罪のない者たちを罪に定めはしなかったでしょう」

ここでも根本的問題は「あわれみ」です。あわれみがあるなら、むやみに人を罪に定めない。ましてや罪のない者たちを罪に定めることはしない。しかし、行き過ぎた批判的精神、あわれみのない心は、罪のない人さえ罪に定めてしまうのです。


第三に、主イエスは、同じことを今度は肯定的に、積極的に言い換えます。それが「赦しなさい」ということです。それは「さばいてはいけません」を積極的に言い換えただけです。さばかないとは、赦すことにほかなりません。いや、もっと積極的です。もちろん、これも無制限に赦すことを命じているのではありません。それでは法律全体を否定したことになり、社会正義もなくなってしまいます。赦しにもおのずから限界があります。主が命じていることは、個人的な侮辱や攻撃に関してです。それは、自分のプライドが傷つけられ、地位や立場は犠牲になるかもしれません。しかし、最終的さばきは神にゆだねて、相手を赦すことができます。弟子である者は人に敵意をもたず、さばきを神にゆだねて赦す者なのです。主イエスでさえ、「わたしは世をさばくために来たのではない」（ヨハネ12・47）と言われました。キリスト者の精神はこの「赦し」の精神です。

さらに、最後には「与えなさい」と命じておられます。これは、四つの命令の中で、最も広く、深い、あわれみの精神です。キリスト者の特徴は「与える」精神、気前のよい精神です。主イエスも「受けるよりも与えるほうが幸いである」（使徒20・35）と言われました。「神は喜んで与える人を愛してくださいます」（Ⅱコリント9・7）ともあります。これがクリスチャンの基本的精神です。その気前のよさは、その後で具体例を挙げて詳しく述べられています。

「与えなさい。そうすれば、自分も与えられます。人々は量りをよくして、押しつけ、揺すり入れ、あふれるまでにして、ふところに入れてくれるでしょう。あなたがたは、人を量る量りで、自分も量り返してもらうからです」（38節）

これは、穀物を売る時のようすを描いたものです。当時人々は、大きな容器（瓶）を持って穀物を買いに行きました。気前よく売る人は、お客さんの容器にできるだけ多く入れるために、ギュウギュウ押し込んで容器を揺すったりする。そして容器の中の隙間をできるだけなくし、少しでも多く入れようとした。そのうえ、満ちあふれるまでに入れてくれる。そのような気前のよい与え方をする、それがキリスト者の精神です。クリスチャンの精神は、決してケチではない。気前のよさがその特徴です。ただ、最後の「ふところに入れてくれる」というのは、ちょっとわかりづらい行為です。これは、当時、人々が着ていたスカートのような長服の裾を両手でつかんで持ち上げて、胸のところでふろしきを作り、その中に入れることを想定しているのではないかと思われます。

いずれにしても、クリスチャンの精神は「気前よく与える」精神なのです。これが、主が私たちに命じた四つの態度、精神です。主イエスの弟子である者は、さばくことではなく、罪に定めることではなく、神のあわれみに従って人を赦し、気前よく与える。それこそ主イエスが考えていたクリスチャンの姿でした。

その結果

私たちクリスチャンは、そこで終わりではありません。これは単なる道徳ではないからです。38節の最後にこう書いてあります。

「あなたがたは、人を量る量りで、自分も量り返してもらうからです」

厳密な意味で報いについて語ったのではないでしょうが、しかし、私たちが他の人にどのような態度で生きたかということが、将来の神の報いを左右することになるというのです。気前よくあるならば、神も気前よく与えてくださるというのです。

これは、どんな場合でも同じです。37節を少し変えて訳すとこういうことになるでしょう。「さばいてはいけません。そうすれば、神もあなたをさばきません」「人を罪に定めてはいけません。そうすれば、神もあなたを罪に定めません」「与えなさい。そうすれば、神もあなたに与えます」

「さばき」については、「神もあなたをさばきません」となりますが、これは、全然「さばき」がなくなってしまうという意味ではありません。ただ神はさばきの時、他の人々をさばかないで赦した人々をあわれみ深く扱ってくださるのです。しかし、地上において「さばき」の精神をもって生きた人は、神の前に立つ時、同じような厳しい扱いを神から受けることになるということです。マタイ7章2節に、「あなたがたがさばくとおりに、あなたがたもさばかれ、あなたがたが量るとおりに、あなたがたも量られるからです」と書いてあるとおりです。

神は、いつも人間をあわれみ深く取り扱っている。あわれみ深さこそ神の最も根本的な特徴です。神はさばかず、罪に定めず、人を赦し、無限に与えてくださる。それなのに、私たちが他の人を厳しく批判的に扱うならば、私たちが神の法廷に立つ時に、神が厳しく私たちをさばくようにしむけているのです。私たちは、確かに神からの報いを受ける。しかしその時、神が用いるはかりは、私たち自身が用いたはかりが使われるというのです。私たちは、そのことを忘れないようにしたいものです。

主イエスの真の弟子である者の特徴は、さばくことではない、罪に定めることではない、他の人に対する本当の同情によって赦すことです。そして、気前のよさを保つことです。しかし、私たちは自分自身に対しては寛大であわれみ深いが、他の人に対しては厳しくなりがちです。ですから私たちが行動の始めに当たって、また物事を考える始めに当たって最初に思い浮かべるべきことは、神のあわれみ深さということです。私たちがどのような精神をもって人に対してきたのか。それによって、神のさばきの尺度が決まるという厳粛な事実です。そして、私たちが忘れてはならないのは、誰もが神のさばきの前に出なければならない、その時のさばきを意識していなければならないということです。それこそ、クリスチャンと一般の人を厳しく識別する行いの原理です。

これは、人間によい行いを行わせるための作り話ではありません。神の正義と公正の問題です。ですから、私たちもそのことをしっかりと覚えて、人に対するクリスチャンの根本態度をしっかりともち続けたいと願います。

第３章　真の弟子の条件

第１節　ちりと梁（ルカ６・39〜45）

「平地の説教」は、39節から最後の第三段落に入ります。説教内容は前章と連続していますが、語りの形式の上では大きな区切れとなっています。なぜなら、その冒頭で「イエスはまた一つのたとえを話された」となっているからです。ここから終わりまで、主イエスは一連のたとえを語っています。まず、39節から45節にある最初の五つを考えていきましょう。

第一のたとえ　盲人の手引き

イエスはまた一つのたとえを話された。「いったい、盲人に盲人の手引きができるでしょうか。ふたりとも穴に落ち込まないでしょうか」（39節）

これは、易しい単純なたとえです。目の見えない盲人には、他の盲人を導くことはできません。なぜなら、二人とも穴に落ちてしまうからです。この意味は明白です。でもこのたとえの意図がわかりません。主イエスはこのたとえで何を言いたかったのでしょうか。このたとえはマタイの福音書15章14節にも出てきます。それが少しヒントになります。

そのとき、弟子たちが、近寄って来て、イエスに言った。「パリサイ人が、みことばを聞いて、腹を立てたのをご存じですか。」しかし、イエスは答えて言われた。

「わたしの天の父がお植えにならなかった木は、みな根こそぎにされます。彼らのことは放っておきなさい。彼らは盲人を手引きする盲人です。もし、盲人が盲人を手引きするなら、ふたりとも穴に落ち込むのです。」（12～14節）

ここでは、明らかにパリサイ人を非難して「盲人」と言っています。なぜなら、彼らは霊的ことがらに関して盲人だからです。しかし、ルカのほうでは、パリサイ人は出てきません。ですから、ここでも主イエスは弟子としての生き方を語っていると考えるべきでしょう。そして、私たちの中に生じやすい、私たちの欠陥を指摘しているのです。その欠陥とは、盲人でありながら自分が盲人であることに気づかず、他の人を導くことに熱心であるという点です。自分が無知でありながら人に教えることに熱心であるようなタイプの人の危険を指摘しているのです。

以前、こういう昔話を聞いたことがあります。

まだ電気のなかった時代のこと、ある日、ある盲人が知人の家を訪ねた。夜すっかり暗くなってから家路に就くことになり、家の主人は帰宅する盲人にちょうちんを持たせようとした。ところが盲人は、「私は盲人ですから、ちょうちんはいりません」と断った。ところが家の主人は、他の人とぶつからないように、ちょうちんを持っていくことを勧めた。盲人は、「なるほど、目が見える人は不便なものだ」と思いながら、ちょうちんを借りて帰路に就いた。しばらく歩いていると、反対側から来た人にドンとぶつかった。盲人は思わず、「ばかやろう、このちょうちんが目に入らねえのか」とどなった。しかしぶつかった相手は、「えっ？　どこにちょうちんがあるのですか？」と尋ねた。盲人は、ちょうちんの灯が風で消えていたのに気がついていなかった。

盲人は、自分は光を持っていると思っていました。しかし、実際は自分の火が消えていることに気がつかないでいたのです。

自分の無知には気がつかず、人を教えることに熱心なタイプ。それが、主イエスがここで指摘している人の姿です。私たちにも同じ危険がいつもあります。自分はわかっていると錯覚している人が、実はいちばん厄介です。謙虚に学ぶ姿勢を失ったとき、危機な状態に陥ります。むしろ、自分自身が盲人であると自覚することが私たちが立つべきところであることを、このたとえは教えています。

第二のたとえ　訓練を受けた弟子

弟子は師以上には出られません。しかし十分訓練を受けた者はみな、自分の師ぐらいにはなるのです。（40節）

二番目のたとえも単純明快です。弟子というのは教師に依存しています。特に今日のように書物が手に入らなかった時代には、教師への依存は大きかったでしょう。そこで弟子たちにとっては、良い教師につくことが重要でした。そうすれば教師以上にはなれなくても、教師くらいにはなることができます。これがたとえの意味でしょう。しかし、これもなぜそんなことを語ったのか、主イエスの真意は何か、弟子とか教師とか、それらは誰のことを指しているのか、判然としません。

これとよく似たたとえが、やはりマタイの福音書10章24節から25節に出てきます。そこに手掛かりがあるでしょう。

弟子はその師にまさらず、しもべはその主人にまさりません。弟子がその師のようになれたら十分だし、しもべがその主人のようになれたら十分です。彼らは家長をベルゼブルと呼ぶぐらいですから、ましてその家族の者のことは、何と呼ぶでしょう。

マタイでは、主イエスと弟子たちの関係を述べています。ですから、ここでも同じように考えて、主イエスを師として十分に訓練を受ける必要を教えていると考えておきましょう。逆に、不十分な教師、偽教師につくならば、誤ったところへと導かれていくことになります。そこで正しい教師に従うことの重要性を語ったのです。

第三のたとえ　ちりと梁

あなたは、兄弟の目にあるちりが見えながら、どうして自分の目にある梁には気がつかないのですか。自分の目にある梁が見えずに、どうして兄弟に、「兄弟。あなたの目のちりを取らせてください」と言えますか。偽善者たち。まず自分の目から梁を取りのけなさい。そうしてこそ、兄弟の目のちりがはっきり見えて、取りのけることができるのです。（41～42節）

これもわかりやすい、明快なたとえです。「ちり」とは、小さな木のくずやわらのことで、「梁」とは大きく太い材木です。これは当時よく知られたことわざであったようで、マタイの福音書7章に出てくるだけではなく、類似のたとえが聖書以外の文献にも登場します。

その人は、自分の兄弟の目にあるちりや小さなほこり（木くず、わら）を見つけます。それは、他の人であれば見逃してしまうような、小さな、ささいなものです。したがって、格別問題視するようなことでも何でもありません。しかし、この人は他人の過ちには敏感に気がつくのです。そこで、その人は兄弟に向かって、「兄弟、あなたの目にあるちりを取らせてください」と言います。

これこそ、主イエスが語った「さばきの精神」です。それは、他人には厳しく、自分には甘いという人間の悪しき性癖を語っています。これは、人に対していつも厳しい人がしばしば陥る誤りです。その人は、相手を助けたいという愛やあわれみから行動しているのではなく、相手をやり込めたい、相手の上に立ちたいというライバル心や優越感から行動しているのです。そのような人の動機は人をさばくことであって、自分が勝利者となることなのです。

こういう人のことを主イエスは、42節の後半で厳しく「偽善者」と呼びました。「偽善」とは、見せかけから行う行為です。しかし、「偽善」を意味するギリシャ語「ヒュポクリテス」には、もともと悪い意味はなかったようです。それは、「舞台で解説したり、演説したりする人」「俳優」を意味しました。本当はそうではなくて、ただ俳優として演じているだけだからです。それが悪い意味で用いられるようになって、正義や善行を演じている人となりました。心からではなく、見せかけから行う人という意味です。確かにここには類似点があります。兄弟のちりを取ろうとする人は、同じことをしています。他人の欠点を指摘することで、自分の正しさを演じているのです。彼の真の隠れた動機は、自分の正しさをアピールすることです。他の人に厳しく当たることで、彼は自分の有能さをアピールしたいのです。だからその人は演じている偽善者です。

しかし、彼が「偽善者」である本当の理由は、主イエスによれば、彼が自分の「梁」には気がつかないという点です。つまり、彼は二重の基準をもって行動しているのです。他人には厳しく、自分に対しては非常に甘い。これが、偽善者の真の姿です。その人は正義を演じているだけで、そこには正義に関して一貫性がありません。従って「偽善」と呼ばれるのです。

自己吟味

ではどうしたらよいのでしょうか。主の答えは明白です。「まず自分の目から梁を取りのけなさい。そうしてこそ、兄弟の目のちりがはっきり見えて、取りのけることができるのです」（42節）

私たちが偽善者とならないために肝要なことは、「まず自分の目から梁を取りのける」ということです。つまり、自分自身を厳しく吟味することです。自分というものを正直に、誠実に見つめて、自省することです。クリスチャンが主の前に偽善者となることを逃れようとするならば、これ以外に方法はありません。

私は、クリスチャンがクリスチャンとして生きていくためには、これは不可欠のことだと思っています。ですから聖餐《せいさん》式の時に自分を吟味する時間をもつのはよいことです。いや、それは不可欠のことです。パウロはコリント人への手紙第一11章28節でそのことを命じて次のように言っています。

「ひとりひとりが自分を吟味して、そのうえでパンを食べ、杯を飲みなさい」しかし、聖餐式の前にその時間を設けるにしても、それはごく短時間で、儀式的に終わってしまう危険があります。ですから、聖餐式にあずかろうとするクリスチャンは、聖餐式がある前日に自分で自分をよく吟味すべきです。気がついた一切の罪を告白して聖餐式に臨み、「ふさわしくないままでパンを食べ、主の杯を飲む」（Ｉコリント11・27）ことがないようにすべきです。しかし、それだけではなお不十分です。私たちは、定期的に自分自身を主のみことばに照らし合わせて吟味することが必要です。そうでないならば、私たちはいつの間にか、この危険な偽善者への道に踏み込んでしまうのです。まず自分の目から梁を取りのける。そして、梁だけでなく、ちりもほこりも取りのける。そうすることで、私たちは自分の信仰を偽善から守ることができるのです。

有名なイギリスの伝道者で、ウェスレーと共にメソジスト運動の初期のリーダーであったジョージ・ホウィットフィールドは、若い頃から自分を定期的に吟味する習慣をもっていました。以下のものは、彼が自分を吟味するために用いた点検リストです。彼は各項目にわたって祈りのうちに自分を調べました。

(1) 個人で祈るとき、熱心であったか。
(2) 所定の祈りの時間を守ってきたか。
(3) 毎時間、神に短い祈りをささげたか。
(4) 慎重なあらゆる言動の前後に、それがいかに神の栄光を現すかを考えたか。
(5) あらゆる喜びの後、すぐに神に感謝したか。
(6) その日のための仕事は計画どおりであったか。
(7) すべてにおいて単純で落ち着いていたか。
(8) なしうる正しいことをなすことにおいて熱心であったか。
(9) すべての言動において柔和で、快活で、もの柔らかであったか。
(10) 誇ったり、鼻に掛けたり、他の人をうらやましく思ったりしたか。

(11) 飲むことと食べることに節制したか。感謝にあふれていたか。寝過ごさなかったか。
(12) 神に感謝するために時間をとったか。
(13) 学びにおいて熱心であったか。
(14) 他の人のことを悪く考えたり不親切に語ったりしたか。
(15) すべての罪を告白したか。

（Arnold A. Dallimore, 1970, *George Whitefield*, Banner of Truth Trust, 80）

このように、自分に対して厳しくあることがその人を偽善者となることから守り続けるのです。

もう一度、イエスが最後に付け加えたことばを心に留めましょう。「そうしてこそ、兄弟の目のちりがはっきり見えて、取りのけることができるのです」（42節）。自分の欠点を克服する人のみが、他の人を公平に見ることができ、真に助けることができます。ただ、このことを厳格に適用するならば、一切の批判はできなくなってしまいます。もし主イエスが、「完全になるまでは、教えたり、誤りを指摘したり、批判したりしてはならない」と言ったとしたら、この世界には、もはや教えるということはなくなってしまいます。それは主イエスが言っていることの真意ではありません。ですが、これだけは避けなければなりません。それは、人に対する尺度と自分に対する尺度を変えないことです。批判するならば、偽善者となりうることを承知で批判すること、しかし、そうならないために、自分を深く吟味することを忘れないことです。そのような教会の交わりとなるならば、私たちの中から安易な批判は消え失せ、愛による交わりが生まれてくるでしょう。

第四のたとえ　良い実・悪い実

悪い実を結ぶ良い木はないし、良い実を結ぶ悪い木もありません。木はどれでも、その実によってわかるものです。いばらからいちじくは取れず、野ばらからぶどうを集めることはできません。(43〜44節)

さて、最後の四番目のたとえは、多かれ少なかれ、それまでと関連したたとえとなっています。これも説明を要しないほど明白なたとえ話です。

「悪い実を結ぶ良い木はないし、良い実を結ぶ悪い木もありません」（43節）

つまり、木が悪ければその実も悪いし、木が良ければその実も良い。実が良いか悪いかは、木のもつ性質によって決まる。これは、当たり前といえば当たり前です。

私が幼い頃に住んでいた家の庭には、大きな柿の木が二本ありました。玄関の前にある柿の木は毎年甘い実をならせましたが、家の後ろにあった柿の木は、いつも必ず渋柿でした。同じ柿の木でも、その種類によってどのような柿の実がなるかは決まっています。木と実とは直接的につながっていて、実は木によって決まります。両者を切り離すことはできません。これは、自然の世界において誰もが経験する反論の余地のない事実です。木は自分の本性に逆らった実をならせることはできない。実は、その木の本性から生まれてくるのです。

もちろん、主イエスの関心は自然界の植物にあるのではありません。この当たり前の法則を私たちの行いに適用することにあります。ここで主イエスが問題にしているのは、「私たちの心」と「私たちの行い」の関係です。私たちの心と行いとは直接的な関係があるということです。主イエスは、別のところでこう言いました。「悪い考え、殺人、姦淫《かんいん》、不品行、盗み、偽証、ののしりは心から出て来る」（マタイ15・19）。そのように、私たちの行いの根源は心にあります。木とその実が関係しているように、行いと心も直接的に関係しているのです。心の中にあるものは必ず外に表れる、という原則です。それをここで、木とその実にたとえているのです。

それを私たちの歩みに応用するならば、私たちの信仰は必ず行いとなって外に表れるということでしょう。信仰と実生活との間には、切っても切れない関係があります。心の奥にあるものは、必ず外に表れます。いつもそうだとはいえませんが、やがて必ず、人は自分の信じているとおりに行います。その人の行動の中に、その人の本当の姿が表れるのです。その人の生涯の全体をまとめ上げて、何のためにどれくらい時間を使ったかを調べるならば、その人が何のために生きたのかを知ることができるでしょう。

「行いのない信仰は死んでいる」とヤコブは言いました（ヤコブ２・17）。もし行いに信仰が表れないならば、確かに信仰は死んでいます。しかし、信仰があるなら、信仰が生きているなら、その信仰は必ず行いとなって表れるのです。主イエスが43節で確立した原則は、そのことです。「良い木は良い実を結び、悪い木は悪い実を結ぶ」

実による識別

さて、このように木と実の関係を確認すると、次に何がいえるでしょうか。次の節は、そのことの詳説です。

「木はどれでも、その実によってわかるものです」（44節）

もし、木とその実が直結しているならば、そこからいえることは、木は確かに実によってわかる、識別できるということです。その木が良い木なのか悪い木なのか、それは実によって見分けることができるということです。私たちは、それ以外の方法で木を見分けることはできないでしょう。もちろん、植物に詳しい方は、これは柿の木、これは栗の木と見分けることができるでしょう。しかし、問題はその質です。良し悪しです。何の実をならせるかではありません。その木が良いか悪いか、それは実によってのみ見分けることができるのです。

このあまりにも当然なことをさらに説明するために、主イエスは、「いちじくとぶどう」のたとえをもち出しました。

「いばらからいちじくは取れず、野ばらからぶどうを集めることはできません」（44節）

ここで言っているのは、いばらや野ばらの咲く茂みのことです。そのようなところへ行っても、いちじくもぶどうも収穫することはできません。実のならない木に、実を期待しても無駄です。これも当たり前のことを言っています。

しかし、この当たり前のたとえを繰り返す時、主イエスは、ご自分の主張を反論の余地がないまでに高めています。主イエスが言いたいのは、結局こういうことです。木がその実によって知られるように、人間を見分けるためには、その人の行いを調べればよいのです。その人の行いの中に、その人の心が表れているからです。そして、このことをさらに私たちの信仰に適用するならば、私たちの信仰をテストする唯一の方法は、その人の行いをテストすることであるといえるでしょう。その人が真に信じている人ならば、それは必ず行いに表れてくる。その人が神を愛する人ならば、神への愛がその人のどこかに表れてくる。それは必然的です。神を信じると言いつつ、神を礼拝もせず、いいかげんな教会生活をしていながら、その人がかつて洗礼を受けたというだけで「救われている」と言うことはできないでしょう。その人が本当に救いを知っているのであれば、その喜びと感謝は、その人の行いに反映されるはずです。私たちの信仰は、内側にとどめておくことはできません。必ず外に表れてくるからです。

見分けること

私たちは、その人が本当に信じているのか、信じていないのか、外から見て区別することは難しいことを知っています。どの教会でも役員会は受洗希望者を諮問して、洗礼を授けるべきかどうか判断します。それは役員にとっては大きな重荷です。その見分けが容易ではないので困難にぶつかります。しかし、私たちは、その人が忠実に礼拝に参加し、信仰の告白を公にしているならば、その外に見えた部分で判断をするしかないのです。装っていて、隠れていて外にはわからない場合でも、信じていないならば永続しない。いつか必ずそのような見せかけの信仰は明らかになるものです。

ルカの福音書8章で主イエスが語った種まきのたとえを思い起こします。

種を蒔《ま》く人が種蒔きに出かけた。蒔いているとき、道ばたに落ちた種があった。すると、人に踏みつけられ、空の鳥がそれを食べてしまった。また、別の種は岩の上に落ち、生え出たが、水分がなかったので、枯れてしまった。(5〜6節)

一番目の種は、道の上に落ち、鳥が食べてしまいました。それは、みことばを全然信じ受け入れなかった場合です。二番目の種は、岩の上に落ちました。それはすぐに芽を出しましたが、まもなく枯れてしまいました。そのような種の特徴は、喜んでみことばを受け入れても根がないので、しばらくは信じていても試練のときに枯れてしまうのです。「試練によって」その人の信仰が根がない信仰であったと暴露されるのです。試練だけではなく、いろいろな機会にメッキがはがれるのです。主イエスは「しばらくは信じている」と言っています（同13節）。そういう状態がありうることを認めています。しかし、何かをきっかけにして、その人は実は信じてはいなかったということが明らかになるのです。しばらくは熱心に活動し、聖書も読み、上手に祈り、新生したかのような言動をすることもできます。しかし、しばらくたつと、実は本当には信じていなかったことが明らかになります。その最も典型的な行動は、礼拝に来ないことです。もはや神のみことばを求めようとはしません。新しく生まれた子どものように、みことばの乳を飲むこともありません。いのちがないので、その必要がないのです。

私たちは、この原則を現実の教会の営みにも適用すべきではないでしょうか。多くの教会の規約や規則では、「一年間続けて礼拝に出席しない場合」は教会員としての資格を失うと決められています。言い換えれば、一年間は教会に来なくても、その人をクリスチャンとして認め、教会員としてすべての権利を認めていることになります。極端な話、年に一度クリスマス礼拝に参加すればそれでOKということになるのです。しかし、実によって見分けるならば、一年に一度しか礼拝に参加しない人がクリスチャンであるはずはありません。あるいは、かつては熱心だったかもしれません。かつては役員でさえあったかもしれません。しかし、ただそれだけの理由でいつまでも会員となり、教会員のすべての特権を与えられているのはおかしなことでしょう。

木は、その実によってわかるのです。それによって識別するように、主は教えておられるのです。

しかし、ここにもっと重要な適用があります。それは、この原則を私たち一人一人が、自分自身に当てはめることです。もし私たちが自分自身の客観的な信仰の状況を知りたいならば、自分の行い（すなわち「実」）をチェックすることです。人はその実によって見分けることができると主は言われました。それならば、自分の行いのうちどれだけが真に信仰に由来するのか。信仰から出ている行いはどれなのであろうか。人の目につくところでは、私たちはそのふりをすることができます。ですからもっと確実な方法は、私たちが一人でいる時、誰も見ていない時、私たちが何をしているのかを調べることです。そこに、その人の本当の姿が表れています。それでもなお、その人が御霊の実を結んでいるならば、その人は信仰によって生かされている人でしょう。しかし、そうでないならば、その人は聖霊をもってはいないのであり、救いそのものが問われている状況なのです。

第五のたとえ　良い倉から

良い人は、その心の良い倉から良い物を出し、悪い人は、悪い倉から悪い物を出

します。なぜなら人の口は、心に満ちているものを話すからです。(45節)

主イエスは、もう少しこのテーマを広げて、最後に良い倉のたとえを語りました。これは、基本的には前と同じことを教えていますが、もはや「木とその実」のたとえではなく、「倉」のたとえとなっています。

これも説明の必要がないほど明白です。しかし、テーマは「行い」から「ことば」へと移っています。心とことばの関係です。心から行いが出るように、ことばも心から出てくるからです。唇に上るのは心の産物です。ことばは行いよりももっと偽りを演出しやすい手段です。美辞麗句をもてあそぶことができるからです。ですから、その人のことばがいつもその人の心の状態を表しているとはいえません。しかしやはり、ことばの中に、その端々に、心の本音があふれてくるのも避けがたいことです。私たちは、自分のことばを通して自分の信仰を見極めることができるでしょう。

結語

以上のたとえを語って主イエスが明らかにされたことは、キリスト教信仰はいつも心を問題としているということです。私たちの信仰は心の奥深くに及び、その心を完全に新しくしようとする信仰です。キリスト教信仰は、ただ行いが変化し、ことば遣いが改まるというような、外面的・表面的な変化を求めているのではありません。そして、これこそ私たちが自分自身の内側に問わなければならないことなのです。それは、言い換えれば、私たちの真の動機は何かということです。私たちは本当は何のために生きているのか、何を目的として生きているのか、何が動機でそのような生き方をしているのかということです。

神に受け入れられる動機とは、救われたことの喜びの表現として行うことであり、また救われた感謝として行うことです。そうではなく、もしそれが毎週の習慣にすぎないとか、人からの評価を目当てにしているとか、人との競争に勝つためのプライドとか、自分を誇りたいためとか、私たちの動機がそのようなものであれば、それは神によっては受け入れられないものです。したがって私たちの行いが神に受け入れられるためには、私たちの心の根底が変わらなければなりません。ウエストミンスター小教理問答書にあるように、私たちの人生の目的が「神の栄光を現し、永遠に神を喜ぶことです」と心から告白することは、私たちの中に深い新生の経験がなければできないことでしょう。そういう意味で、私たちがこのたとえ話から学ぶことは、私たちは新しく生まれ変わらなければならないということです。

「だれでもキリストのうちにあるなら、その人は新しく造られた者です。古いものは過ぎ去って、見よ、すべてが新しくなりました」（Ⅱコリント5・17）

自分自身のうちに、このような新生の経験があるかどうか、もう一度確認してください。もしないならば、まずそれを求めていただきたい。そのうえで、私たちは日々、自分の行いを吟味する中で、偽りのない歩みをすることができるのです。

第２節　土台のない信仰（ルカ６・46〜49）

主イエスはこの説教を終えるに当たって、もう一つのたとえ話を語りました。この箇所は「平地の説教」の中で、最も厳しい聖書箇所かもしれません。しかし、全体を締めくくるのに、これ以上ふさわしいたとえはほかになかったと思います。主イエスの最後のアピールに耳を傾けましょう。

聞いても行わないという問題

なぜ、わたしを「主よ、主よ」と呼びながら、わたしの言うことを行わないのですか。わたしのもとに来て、わたしのことばを聞き、それを行う人たちがどんな人に似ているか、あなたがたに示しましょう。その人は、地面を深く掘り下げ、岩の上に土台を据えて、それから家を建てた人に似ています。洪水になり、川の水がその家に押し寄せたときも、しっかり建てられていたから、びくともしませんでした。聞いても実行しない人は、土台なしで地面に家を建てた人に似ています。川の水が押し寄せると、家は一ぺんに倒れてしまい、そのこわれ方はひどいものとなりました。(46～49節)

主イエスが最後に訴えたことは、聞いたことを行わないという問題です。ここで主イエスは、ご自分に向かって「主よ、主よ」という人々のことを問題にしています。イエス・キリストに向かって「主よ」と言うのであれば、そのような人はクリスチャンであるに違いありません。クリスチャンとは「イエスを主」と告白する人です。パウロは、「あなたの口でイエスを主と告白し、あなたの心で神はイエスを死者の中からよみがえらせてくださったと信じるなら、あなたは救われる」(ローマ10・9)と言っています。

クリスチャンであるかないか。それは端的に「イエスが主である」と告白することができるかどうかということです。それこそ、クリスチャンとノンクリスチャンを二つに分ける分水嶺です。一般の人々が、間違ってもイエスを主と告白することはないからです。「主（キュリオス）」というギリシャ語は、もともと「力」を意味することばです。そこから、「力をもつ者」「有力者」「財産所有者」「権力者」など、さまざまな人々に対して用いられるようになりました。そして全能者に対する称号として使われたのです。特に当時の奴隷のいる社会においては、奴隷の所有者である「主人」を指すために用いられました。主人は奴隷を所有し、支配し、従わせていたからです。パウロが自分を「主のしもべ」と呼んだ時、それが意味していたのは、「私は主イエスの奴隷です」という告白です。ですから、クリスチャンが「イエスは主です」と告白するとき、それは自分が主イエスの奴隷であることを告白しているのです。奴隷であるということは、自分の人生のあらゆる領域において、このお方の主権を完全に認め、このお方に従って生きる、このお方の御旨に沿って生きる、このお方のために生きることを意味しています。そうでなければ「イエスを主」と告白することはできないのです。主イエスに従って生きていく決意がないならば、「イエスは主である」と告白するべきではないのです。初めから従うつもりもない人に「主よ」と告白する資格はありません。それは、まったくの矛盾でしかないのです。クリスチャンとは、イエス・キリストに完全に降伏した人です。地上の生涯の主権をイエスに明け渡した人です。主イエスに白紙委任状を提出する人、それが「イエスを主」と告白することです。

ところがどうでしょう。主イエスはここで、「主よ、主よ」と呼ぶ人について語っています。二度も繰り返すことで、彼らがその告白において真剣であることを表しているのかもしれません。しかし、そう「口では告白しながら」、主イエスの言うことを行わない人、そういう人について主は語っているのです。それは、信仰の欺瞞《ぎまん》です。それはまったく矛盾していることです。でも、これこそ私たちが最後に考えるべき課題として主イエスが提示した問題でした。マタイの山上の説教では、そのような人は「天の御国に入れない」と言いきっています。

「わたしに向かって、『主よ、主よ』と言う者がみな天の御国に入るのではなく、天におられるわたしの父のみこころを行う者が入るのです」（7・21）

人間の根本的問題

これは、決して新しい問題ではありません。ある意味で、聖書全体を貫いている問題でしょう。アダムの時から一貫した私たちの根本的問題です。

アダムは神の語ったことを聞きましたが、それを行いませんでした。「善悪の知識の木からは取って食べてはならない」という命令を彼は確かに聞きました。しかし、それを行うことはなかったのです（創世記2・17、3章）。それがすべての問題の出発点でした。その後の聖書の物語は、すべてこの問題を中心に展開しています。神がモーセを通して語った時もそうでした。イスラエル民族は、十戒を聞き、「私たちは聞き従います」と表明しましたが（出エジプト記20・19）、結局、聴き従うことはなかったのです。その後もイスラエルの民は同じ道を歩みました。それゆえに、彼らの王国は、紀元前五八六年にバビロニア帝国によって滅ぼされてしまいました。聞いてそれを行うか、聞いたままで、あとは自分の好きなように生きるか、それが私たちの根本的問題です。

エゼキエル書33章に一つの典型的な話が記録されています。それは、この箇所を思い起こさせるほどよく似ています。

人の子よ。あなたの民の者たちは城壁のそばや、家々の入口で、あなたについて互いに語り合ってこう言っている。「さあ、どんなことばが主から出るか聞きに行こう。」彼らは群れをなしてあなたのもとに来、わたしの民はあなたの前にすわり、あなたのことばを聞く。しかし、それを実行しようとはしない。彼らは、口では恋をする者であるが、彼らの心は利得を追っている。あなたは彼らにとっては、音楽に合わせて美しく歌われる恋の歌のようだ。彼らはあなたのことばを聞くが、それを実行しようとはしない。しかし、あのことは起こり、もう来ている。彼らは、自

分たちの間にひとりの預言者がいたことを知ろう。(30〜33節)

これはイスラエルの民が、預言者エゼキエルのもとにみことばを聞くために出ていった時のようすです。人々は「さあ、どんなことばが出るのか聞きに行こう」と言って出かけました。しかし、聞いたあと、彼らがそれを行うことはありませんでした。彼らが行わなかったのは、心においては別のことを求めていたからです。実は、「彼らの心は利得を追っていた」のです。預言者のことばは、「美しく歌われる恋の歌」だというのです。それは心持ちのよい話に聞こえたのでしょう。

平地の説教も、うっかりするとそのような錯覚を与えることがあります。「貧しい者は幸いです。神の国はあなたがたのものだから」「あなたの敵を愛しなさい」「自分にしてもらいたいと望むとおり、人にもそのようにしなさい」。それらは、自分が実行することを考えないならば、なんと崇高で心地よい教えではないでしょうか。恋の歌のようです。教会外の一般の人も、この教えのすばらしさには感動してしばしば引用します。しかし、それは行うのでなければ、何の意味もないのです。

さらに、この問題はすでに初代教会の中に起きていました。ヤコブは、その手紙の中でこう言っています。

「みことばを実行する人になりなさい。自分を欺いて、ただ聞くだけの者であってはいけません。みことばを聞いても行わない人がいるなら、その人は自分の生まれつきの顔を鏡で見る人のようです。自分をながめてから立ち去ると、すぐにそれがどのようであったかを忘れてしまいます」（ヤコブ1・22〜24）

確かに自分の顔というのは、鏡を見ている間は覚えていても、すぐに忘れます。いつも自分の容貌を意識しながら生きている人はいないでしょう。みことばを行おうとしない人は、みことばをそのように扱うのです。みことばは、自分の顔と同じくらい軽い、意識しないものでしかないのです。

みことばを行う人

聞いたみことばを行うか、行わないか。それは重大な結果を招くことになると、主イエスは警告しています。

最初に、主イエスはみことばを聞いて行う人を取り上げます。マタイは、そういう人のことを「賢い人」と呼んでいます（7・24）。ルカはそういう呼び方をしてはいませんが、そのような賢い人の特徴を語っています。その人は家を建てるときに、土台に注意を払う人です。彼は「地面を深く掘り下げ、岩の上に土台を据えて」家を建てます。マタイは単純に、「岩の上に家を建てた」と言っているだけですが、ルカでは、地面を深く掘り下げてから土台となる石を置いて、その上に家を建てると説明しています。これは、土台をどのように造ったかを問題にしています。つまり何を土台にするかということではなくて、いかに土台を据えたかを語っているのです。ですからマタイが「賢い人」と言ったのは、まさに的を射た表現でした。その人は、土台に注意を払い、時間と労力とお金を用いました。それは、自分が住んでいる川沿いの地にとって、土台が決定的に重要であることを知っていたからです。パレスチナは、乾期と雨期に分かれています。雨期になれば洪水が押し寄せてくることは、十分予想できることでした。岩の上に家を建てた人は、十分に考えて、万一の場合に備えたのです。しかし、それは目に見えない部分でした。

もう一人の人は、土台なしで地面の上にいきなり家を建てました。今となっては土台は常識、土台を据えずに家を建てる人がはたしているのかなと思いますが、あくまでたとえの世界です。ですからマタイのほうでは「愚かな人」（同26節）と呼ばれています。彼は、後のことをあまり考えない人でした。目先のことに追われ、さっさと家を建てて短時間で仕上げようとしたのです。

さて、できあがったこの二つの家を見比べてみると、そこには、外から見ただけでは何の違いもありませんでした。壁は見事に塗られ、サイズも申し分のないもので、住み心地も良好でした。しかし、この二つの家の違いは目に見えるところにあるのではなく、目に見えないところにあります。片方は土台をもち、片方は土台がない。それは目に見えないところでの違いです。

ここで主イエスは、完璧に二種類のクリスチャンを描き分けています。彼らは見た目には変わりません。二人とも同じように洗礼を受け、毎週礼拝に集い、イエスを主と告白しているのです。しかし、彼らは見えないところにおいて決定的に違っていました。一人はみことばに聞き、それを行うことに真剣で、もう一人のクリスチャンはそうではなかった。みことばを聞くことと、行うことを区別していたのです。信仰は信仰、生活は生活。教会は教会、会社は会社。自分の内側に二重の基準を設けて、使い分けていたのです。しかし、見た目には区別がつきません。

さばきの日に明らかになる

主イエスのたとえは、二人の違いを述べただけでは終わりません。この二人の違いが明らかになる時がくることを主イエスは言われました。「洪水になり、川の水がその家に押し寄せた」（48節）。その時、片方はびくともしません。しかし、もう片方は壊滅的な壊れ方をしました。何か危機的な出来事が起こるときに、この二人の違いが明らかになるのです。主イエスは、片方は救われ、もう片方は滅びると言っています。なぜなら、片方は本当のクリスチャンであり、もう片方は見せかけのクリスチャンだったからです。その人には土台がなかったのです。ここに平地の説教の最終的なクライマックスがあります。

洪水とは何でしょうか。私たちが人生において経験する洪水はいろいろなことが考えられるでしょう。私たちが大病を患ったときかもしれません。大病になると、その人の信仰が明らかになります。あるいは、伴侶や身近な人との死別、または自分自身の死が宣告されるときかもしれません。それも、私たちの信仰を大きく揺さぶることでしょう。しかし、何より主イエスは、ここで最後のさばきを問題にしているように思われます。ノアの日に洪水によってさばきが行われたように、主イエスは、土台のない信仰はこの最後の審判の時に滅びる以外にないと言っているのです。神は、目に見えないところまでさばかれるからです。しかし、主のみことばを聞き、それを行うことを真剣に願っている人は、さばきの中をびくともせずに、安全に通過していくことができます。その人には土台があるからです。

ロトの妻のことを思い出してください。彼女は、毎日毎日、自分の家族と一緒に、何の違いもなく生活していました。そしてソドムが滅ぼされる時も、他の家族と同じように逃げ出したのです。しかし彼女の心は、本当は残した財産を慕っていました。そして、振り返った時、彼女は塩の柱になったのです（創世記19章）。同じ家族であっても、さばきの時にすべてが明らかにされ、分離が起きるのです。

この主イエスのたとえを考えてくるとき、私たちは、身震いするような厳しさを覚えます。それは、実に厳粛で、非常に厳しいものです。このたとえは、楽しいメロディで歌ったり、紙芝居として楽しむようなものではありません。主が語ったのは、クリスチャンには二種類の人がおり、見た目にはわからないけれども、最後は救いと滅びとに分離されるということでした。

結　語

平地の説教の最後で主イエスが問いかけたこのアピールに、私たち一人一人が、静かに耳を傾けて、自分自身の心を探らなければならないと思います。それは、私たちは自分の信仰をどのように建て上げているのかということです。つまり、「土台」を本当にもっているのかどうかということです。土台がない信仰とは、聞いたことを聞きっぱなしにして、そこで終わらせている人です。それを行いに移すことには関心を払わない人です。土台のある信仰とは、「聞いて、それを真剣に行おうとしている」人です。そのことを、自らのうちに問いかけるべきではないでしょうか。

もしそれが抽象的な問いかけでよくわからないのであれば、自分自身にこのように問いかけてみることです。「自分の最高の願いは、主のみこころを行うことである」と心から言うことができるかどうか。人の目につかないところにおいても、常に神のみこころを行おうとしているのかどうか。「自分の生涯の最終的な願いは、神の栄光を現すことである」と心から言うことができるかどうか。

または、こう問いかけることです。「私は、信仰は信仰、行いは行いという、信仰と生活を分離させてはいないか。その分離を知りながら、それを放置していないだろうか」。あるいは、こう問うてはいかがでしょうか。「信仰は、自分の生涯にとっては部分的な意味しかもっていないのか、それとも主に降伏し、主にすべてをささげ、献身の生涯を歩んでいるかどうか。人生のあらゆる局面において、神を第一とすることが私の願いとなっているだろうか」。そう考えてくるとき、私たちは、自分のうちに土台があるかどうかを見極めることができるでしょう。

最後に、ウエストミンスター小教理問答書の第九〇問を覚えてこの学びを閉じたいと思います。

問「みことばが救いに有効となるには、みことばをどのように読み、また聞かなければなりませんか」

答「みことばが救いに有効となるには、私たちは、勤勉、準備、祈祷《きとう》をもってこれに傾聴し、信仰と愛をもって受け入れ、私たちの心のうちに蓄え、私たちの生活の中で実践しなければなりません」

傾聴した（聞いた）だけではだめで、みことばを受け入れ、蓄え、実践する。それが、みことばが救いに有効となるためのみことばの聞き方です。

私も、牧師として教師として、みことばの学びに取り組んでいます。解釈することが自分の仕事の一部です。それは楽しい仕事であり、やりがいのある働きです。しかし、どこまで行おうとしてきたのか。それを問われています。平地の説教に耳を傾けるお一人一人にも、もう一度ご自分のみことばへの取り組みを吟味していただきたいと思います。

付　録――平地の説教の詳細な構造（6・20～49）

第一段落の構成（20～26節）

第一段落は、24節の「しかし」によって二つに分割されています。このことは内容が「幸いです」から「哀れです」に変化していることからも明らかです。そして、前半と後半はそれぞれ、四回ずつ「幸いです」と「哀れです」が繰り返されています。もっとも24節の「しかし（プレーン）」は、27節の「しかし（アラ）」とは違う接続詞で、27節の「しかし（アラ）」より逆接の意味が弱いといえるでしょう。24節では副詞としての「しかし（プレーン）」で、これは35節に「ただ」と訳されたのと同じことばです（新共同訳と口語訳では24節、35節とも「しかし」と訳している）。この「プレーン（しかし、ただ）」は、ルカが好んだことばで、ルカの福音書だけで十五回も登場します（マタイ五回、マルコ一回、ヨハネなし、使徒の働き四回)。この「しかし(プレーン)」がルカの福音書で最初に出てくるのが、「幸い」から「哀れ」に転ずる24節です。そして二回目は「敵を愛しなさい」(35節)を繰り返す冒頭に置かれています。この場合「しかし(プレーン)」は、熟慮のために対照的なことがらを導入するために使われていることがわかります。

そこで、第一段落は以下のように細分化することができます。

序言　20節前半(導入句)
幸いです(1)　20節後半
幸いです(2)　21節前半
幸いです(3)　21節後半
幸いです(4)　22〜23節(預言者との類似)
しかし(プレーン)　24節冒頭
哀れです(1)　24節

哀れです(2)　25節前半
哀れです(3)　25節後半
哀れです(4)　26節（にせ預言者との類似）

第二段落の構成（27〜38節）

第二段落は最も長く重要な段落です。この段落には二度同じ表現が繰り返されていて、この箇所のテーマが浮き彫りにされています。それは「あなたの敵を愛しなさい」（27、35節）です。新改訳では27節は「あなたの敵を愛しなさい」、35節では「自分の敵を愛しなさい」となっていますが、原文ではまったく同じ「あなたがたの敵を愛しなさい」となっています。この表現を反復することによってこの段落のテーマは揺るぎないものとなっています。

このテーマをめぐって、この第二段落はさらに三分割することができます。その鍵となるのは、31節と36節です。この二つの節は、それぞれ非常によく似た形式をとっています。

それは、「…であるように、あなたがたは…でありなさい」という比較表現の文章です。31節は、「自分にしてもらいたいと望むとおり、（あなたがたは）人にもそのようにしなさい」です。また36節では、「あなたがたの天の父があわれみ深いように、あなたがたも、あわれみ深くしなさい」です。前者は「人間」との比較で私たちの行動原理を引き出しますが、後者は神のあわれみ深いご性質から私たちの行動原理を導き出しています。そして、それぞれが、それまで述べてきた主張のまとめとなっています。そういうわけで、「あなたの敵を愛しなさい」を主題とした第二段落は以下のように三つに区分することができます。

第一区分　27～31節　七つの命令と黄金律
第二区分　32～36節　罪人のようでなく、御父のように
第三区分　37～38節　さばいてはいけない

この第一区分は、短い八つの命令文が連続して現れます。それを列挙すると以下のよう

になります。そして、最後の第八番目はすべてをまとめる根本的ルールです。ですからそれは、昔から「黄金律」と呼ばれてきました。それは、完全数である七つに、さらに一つプラスすることによってクライマックスを形成しています。

(1) あなたの敵を愛しなさい。(27節前半)
(2) あなたを憎む者に善を行いなさい。(27節後半)
(3) あなたをのろう者を祝福しなさい。(28節前半)
(4) あなたを侮辱する者のために祈りなさい。(28節後半)
(5) あなたの片方の頬を打つ者には、ほかの頬をも向けなさい。(29節前半)
(6) 上着を奪い取る者には、下着も拒んではいけません。(29節後半)
(7) すべて求める者には与えなさい。奪い取る者からは取り戻してはいけません。(30節)
(8) 自分にしてもらいたいと望むとおり、人にもそのようにしなさい。(31節)

第二区分の顕著な特徴は三重の繰り返しが見られることです。いずれも各節に「罪人」との比較がなされていて、この三つの節の連続性が明らかになっています。それは「罪人たちでさえしている」という主張です。

(1)「自分を愛する者を愛したからといって、あなたがたに何の良いところがあるでしょう。罪人たちでさえ、自分を愛する者を愛しています」(32節)

(2)「自分に良いことをしてくれる者に良いことをしたからといって、あなたがたに何の良いところがあるでしょう。罪人たちでさえ、同じことをしています」(33節)

(3)「返してもらうつもりで人に貸してやったからといって、あなたがたに何の良いところがあるでしょう。貸した分を取り返すつもりなら、罪人たちでさえ、罪人たちに貸しています」(34節)

ここでは、罪人たちの行っている三つの行為との比較から敵への愛の妥当性が消極的に主張され、さらに、神との比較から敵への愛が神の子どもたちの当然の義務であると積極的に主張されています。

(1)　罪人たちの行っている三つの行為（32〜34節）
(2)　弟子たちの取るべき三つの行為（35節前半）
(3)　生じてくる二つの結果（35節後半）
(4)　究極的理由　天の父があわれみ深いゆえに（36節）

次に35節に目を移しますと、35節は直前の34節と密接に関連していることがわかります。35節の冒頭の三つの命令文は、32節から34節の三つの罪人のありさまと対応しているように思われます。

32〜34節
(1)「自分を愛する者を愛した」
(2)「自分に良いことをしてくれる者に良いことをした」
(3)「返してもらうつもりで人に貸してやった」

35節
(1)「ただ、自分の敵を愛しなさい」
(2)「彼らによくしてやり（なさい）」
(3)「返してもらうことを考えずに貸しなさい」

さらに、35節は、その後半で「自分の敵を愛する」ことから生じてくる、二つの幸いな結果を提示します。
(1)「そうすれば、あなたがたの受ける報いはすばらしく」
(2)「（そうすれば）あなたがたは、いと高き方の子どもになれます」

そして、直後にその理由が続いています。「なぜなら、いと高き方は、恩知らずの悪人にも、あわれみ深いからです」（35節）。この一連の命令文は36節で頂点に達していて、こう結ばれています。「あなたがたの天の父があわれみ深いように、あなたがたも、あわれみ深くしなさい」。これが、32節から始まった第二区分の結論的位置を占めているのです。

第一区分（27〜31節）の最後と第二区分（32〜36節）の最後、つまり31節と36節とが、並行関係にあることはすでに見たとおりです。この並行関係は、第二段落を区分するための重要な手掛かりとなっています。

最初は「自分にしてもらいたいと望むとおり、人にもそのようにしなさい」（31節）であり、次は「あなたがたの父があわれみ深いように、あなたがたも、あわれみ深くしなさい」（36節）です。これはそれぞれ先に述べたことを要約している文章です。そう考えてくると、最初の「敵を愛せよ」に関する命令群（27〜30節）を要約するものが31節であり、二番目の「敵を愛せよ」の命令群（35節）を要約するものが36節であるといえます。こうして31節と36節は類似した表現をとりながら、それぞれの区切のまとめとなっています。

最後の第三区分（37〜38節）で顕著なことは、特徴ある命令文がいきなり四回も続いて現れることです。しかも、その命令文の特徴は、「何々しなさい。そうすれば…」というように、いつもある種の結果を伴う命令文となっています。

⑴「さばいてはいけません。そうすれば、自分もさばかれません」

⑵「人を罪に定めてはいけません。そうすれば、自分も罪に定められません」

⑶「赦しなさい。そうすれば、自分も赦されます」

⑷「与えなさい。そうすれば、自分も与えられます」

そして、最後にその結果生じてくる祝福が約束されています。「人々は量りをよくして、押しつけ、揺すり入れ、あふれるまでにして、ふところに入れてくれるでしょう。あなたがたは、人を量る量りで、自分も量り返してもらうからです」（38節）

37節の「さばいてはいけません」というさばきの禁止は、36節の神のあわれみ深いご性質から生じています。したがって39節から始まるたとえ群とは別に、第二段落の最後に位置づけるのがよいと思われます。

第三段落の構成（39～49節）

39節は、「イエスはまた一つのたとえを話された」と始まります。なぜか「一つ」と単数形で語られていますが、39節以降は六つのたとえ話が連続して現れます。これは集合的に数えているのかもしれません。そのたとえを列挙すると以下のようになります。

(1) 盲人の手引き（39節）
(2) 弟子と師（40節）
(3) 兄弟の目のちり（41～42節）
(4) 実と木（43～44節）
(5) 良い倉と悪い倉（45節）
(6) 家と土台（46～49節）

この最後のたとえは、その前のたとえ（木と実の関係や良い倉と悪い倉）と明らかに関係しながら、同時に、平地の説教全体を締めくくるにふさわしいたとえ話となっています。

あとがき

山上の説教にしても、平地の説教にしても、このような聖書箇所から主のメッセージを聞くということは、たいへん荷が重い課題です。主イエス以外にいったい誰が、人間の生き方に関してこのような高い理想を語りえたでしょうか。それを口にする実質的資格のある者は、主イエスのほかには誰もいないでしょう。

この説教を読み聞きするとき、私たちは、自分には本当の愛はないのだ、真実な信仰もないのだ、ということをつくづく思わされます。そして、罪人としての自分自身の姿がむき出しになり、深い絶望を覚えるのです。しかし、痛みを覚えながら、もがきながら、恐れながら、主のあわれみに支えられて、このみことばに向き合うのです。それは、主イエスが私たちの身代わりとして死んでくださったという信仰を離れて、片時も向き合うことのできないみことばです。

パウロは、ローマ人への手紙7章で律法について論じた後、最後に、「私は、ほんとうにみじめな人間です。だれがこの死の、からだから、私を救い出してくれるのでしょうか」（24節）と叫びました。しかしその直後に、「私たちの主イエス・キリストのゆえに、ただ神に感謝します」（25節）と感謝することができたのです。

自分への絶望と神への感謝。その両方の狭間に生きているのがキリスト者の姿です。この平地の説教が、私たちの信仰をそのようなところへと導いていく幸いな「道しるべ」となることを願っています。

本書の出版に当たって、再びいのちのことば社の佐藤祐子姉のお世話になりました。心から感謝の意を表します。

鞭木　由行（むちき・よしゆき）

1950年福岡県に生まれる。聖書神学舎卒業後、茨城県の小川キリスト教会で牧会。
その後、ゴードン・コンウェル神学校、ジョンズ・ホプキンス大学大学院、リバプール大学大学院に学ぶ。文学博士（Ph.D.）。
帰国後、生田丘の上キリスト教会で19年間牧会。2009年4月より聖書宣教会・聖書神学舎校長。古代エジプト学、旧約聖書学専攻。
秦野詩音キリスト教会協力牧師。趣味は山登り。

【著書】Egyptian Proper Names and Loanwords in North West Semitic (Scholars Press)、『安息日と礼拝』、『はじめての信仰問答　キリスト教がよくわかる』『だから、こう祈りなさい—イエスが教えた主の祈り』『子どもも一緒の礼拝—たしかな信仰継承をめざして』（以上いのちのことば社）、訳書『聖書時代の秘宝』（法政大学出版局）等。

平地の説教—— 主の弟子としての生き方 ——

2016年8月20日発行

著者　鞭木　由行

発行　いのちのことば社　ＣＳ成長センター

〒164-0001　東京都中野区中野2-1-5
TEL　03（5341）6929（編集）
03（5341）6920（営業）

乱丁・落丁はお取り替えします。

ISBN　978-4-8206-0334-4

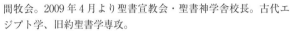